イギリス大学経営人材の養成

高野篤子

東信堂

はしがき

　本書は、イギリス、すなわちグレート・ブリテンおよび北アイルランド連合王国（United Kingdom of Great Britain and Northern Ireland，以下イギリスと略記）における大学の経営人材とはいかなる専門職で、高等教育を専門・専攻とする大学院課程でどのように養成されているのかを、イギリスの社会的文脈の中で明らかにしようとするものである。アメリカ合衆国（以下アメリカと略記）における大学管理運営職とその養成プログラムについてまとめた『アメリカ大学管理運営職の養成』（2012，東信堂）に続く第2弾である。今般は、管理運営職ではなく、大学経営人材とややキャッチーな書名とした。「マネジメント（management）」と「アドミニストレーション（administration）」はどちらも「経営／管理」と訳すことができる。しかし、マネジメントが、執行部や大学経営陣を表すシニアマネジメントチーム（senior management team）という単語に用いられ、より高度かつ戦略的な意思決定を行うプロフェッショナルを想起させるのに対して、アドミニストレーションは作業の工程管理や日常業務の管理といった、上級より低い職階の人の仕事を連想させることが、英米においてここ十数年の間に生じているようである。こうした時代の趨勢やニュアンスを意識するとともに、できるだけ多くの方に手にとりいただけたらという願いをこめて書名を『イギリス大学経営人材の養成』とした。通底には、大学職員の専門性と、その職員を育成するという高等教育を専門・専攻とする大学院の正当性における揺らぎへの問いがある。さらに、ひいては各国・各地域の人々が大学・大学院における教育／研究へどの程度の信をおくのかという難題を内含している。

著者は、日本の大学の事務職員が「ジム」からトップマネジメントを支える「高度かつ専門的な職員」へと変容を遂げる芽が出始めた1990年終わりに、大学院修士課程を修了した。大学職員となった著者は、修士課程で高等教育論を学んだことが職務に役立つと実感してきた。公立大学で大学の管理運営の中枢を担う教職員と関わるうちに、博士課程で学びたくなった。当時は、仮に自分が理事長・学長の立場であったなら、今ここで何をどう判断し、どういう行動をとるのかと常々考えるようになっていたからである。仕事を続けながら、博士課程で単位満期取得をむかえる時に、運よく転機がおとずれた。伝統的な大規模私立大学で職員として課長職に就くか、国立大学法人で教員として管理職に就くか、というありがたい話で、著者は後者を選択し、キャリア・チェンジすることになった。本書は、こうした研究と現実・現場との間を行ったり来たり、悩んだ末の産物である。恩師の喜多村和之先生（故人）の言葉を借用すると、研究と現場とのデタッチメントとアタッチメントの往還により生まれたものである。

　本書の構成は、次の通りである。
　序　章　研究の目的と分析の枠組み
　第1章　大学職員の能力開発と採用－大学院課程での学び
　第2章　イギリスの大学における教職員
　第3章　イギリスの大学院における「高等教育プログラム」
　第4章　大学経営人材を育成する修士課程
　第5章　大学経営人材を育成する博士課程
　第6章　大学関連団体における研修プログラム
　第7章　個別の大学内における研修プログラム
　終　章　イギリスの大学経営人材の養成に関する比較的考察

　まず序章で、本書の研究意義と目的、先行研究の検討、分析の枠組みと方法を示した上で、第1章では、日本の大学院課程で学んだ現職の大学職員たちの例から能力開発の場としての大学院課程と採用・育成の課題と可能性について整理する。第2章では、日本の大学のガバナンスや教職員に親和性が高いと思われるイギリスの大学の教職員について、第3章では、イギリスの

高等教育資格枠組みと、管理運営の専門職を育成する大学院にて授与される学位や組織上の位置づけといった高等教育を専門・専攻とする大学院の概要を論じる。第4章ではイギリスの大学の幹部職員を育成する修士課程について、第5章では博士課程について、それぞれの特徴を明らかにする。第6章では、イギリスにおいて大学経営人材の育成に影響力のある2つの団体を中心に検討する。第7章では、個々の大学における教職員の能力開発プログラムの実施体制、内容や方法、さらに日本において新たな専門職となり得る研修担当者について検討する。終章ではイギリスとアメリカの大学の経営人材とはいかなる専門職で、高等教育を専門・専攻とする大学院課程でどのように養成されているのかを比較考察し、日本の大学における今後の大学経営人材の在り方とその養成について総括する。

　日本の大学職員は教員ほどの専門性は問われず、一括採用、ジョブローテーションで育成されてきた。隠れた人気職でもある大学職員としてのエンプロイアビリティ、すなわち雇用されうる能力というのは、ストレス耐性があり、他者とうまくコミュニケーションがとれ、事務仕事を迅速に的確にこなせることを基本的に含むであろう。これはまさに大学や大学院教育で基本的に身に付けることである。英米の大学の管理運営の専門職たちは職階があがるほど、高等教育という業界に関する知識を持ち、自大学を理解し、他者とつながり、理論と実践を内省的に結びつけ、現場から政策提言できるような能力を持ち合わせている。そのような能力はどのように開発すればよいのだろうか。あわせて教員出身の大学経営人材のキャリア形成や能力開発、さらに専門職を専門職として遇するエートスの醸成についても、本書がなにがしかの手立てとなり、ヒントとなれば幸いである。

著　者

目次　イギリス大学経営人材の養成

はしがき………………………………………………………………… i
図表一覧………………………………………………………………… ix

序章　研究の目的と分析の枠組み………………………… 3
　1．研究の目的と意図 ……………………………………… 4
　2．分析の枠組み …………………………………………… 5
　　（1）分析の対象 ………………………………………… 5
　　（2）イギリスの大学職員と「高等教育プログラム」……… 6
　3．研究の方法 ……………………………………………… 9
　4．先行研究の検討 ………………………………………… 15
　5．研究の意義 ……………………………………………… 16
　註 …………………………………………………………… 18
　参考文献 …………………………………………………… 18

第1章　大学職員の能力開発と採用
　　　　　── 大学院課程での学び ……………………… 23
　　はじめに ………………………………………………… 24

1．報告内容より —— 個人（大学職員）と職場（採用）と大学院 ……… 25
　　　2．討論より —— 個人（大学職員）と職場（採用）と大学院 ………… 28
　　　3．ふりかえって ………………………………………………………… 29
　　　　　—— 大学院へ進学する職員と大学院課程と採用・雇用の関係について
　　おわりに …………………………………………………………………… 31
　　註 …………………………………………………………………………… 31
　　参考文献 …………………………………………………………………… 31

第2章　イギリスの大学における教職員 ……………… 33

　　はじめに …………………………………………………………………… 34
　　1．かつての大学職員 …………………………………………………… 34
　　2．公的機関の統計に見るイギリスの大学職員 ……………………… 36
　　3．教職員に必要とされる能力・資格 ………………………………… 37
　　4．大学の組織構造と教職員のキャリア ……………………………… 38
　　5．これからの大学職員 ………………………………………………… 41
　　おわりに …………………………………………………………………… 44
　　註 …………………………………………………………………………… 45
　　参考文献 …………………………………………………………………… 46

第3章　イギリスの大学院における「高等教育プログラム」
　　……………………………………………………………………………… 49

　　はじめに …………………………………………………………………… 50
　　1．イギリスの大学院課程 ……………………………………………… 50
　　2．アメリカより把握しにくいイギリスの「高等教育プログラム」 51
　　3．イギリスの大学院課程における高等教育の専門・専攻名と学位 54
　　4．高等教育の専門・専攻の提供母体と教員 ………………………… 56
　　おわりに …………………………………………………………………… 57
　　註 …………………………………………………………………………… 57

参考文献 57

第4章　大学経営人材を育成する修士課程............... 59
　　はじめに 60
　　1. 世界でも珍しい高等教育のMBAを授与する修士課程 60
　　2. 高等教育のMAを授与する修士課程 63
　　3. 高等教育のMScを授与する修士課程 66
　　おわりに 70
　　註 71
　　参考文献 72

第5章　大学経営人材を育成する博士課程............... 73
　　はじめに 74
　　1. 博士課程の専門・専攻と教員 74
　　2. 博士課程の目的・目標と内容 76
　　3. 博士課程の学生 82
　　おわりに 83
　　註 85
　　参考文献 85

第6章　大学関連団体における研修プログラム......... 87
　　はじめに 88
　　1. AUA　PgCertの概要 89
　　2. AUA　PgCertのレベルと構造 90
　　3. AUA　PgCertのアウトカム 92
　　4. 高等教育リーダーシップ財団の研修 92
　　5. 高等教育リーダーシップ財団の多様化する研修 96
　　おわりに 98

註 …………………………………………………………………… 99
　　参考文献 ……………………………………………………………… 100

第7章　個別の大学内における研修プログラム ……… 101
　　はじめに ……………………………………………………………… 102
　　1．オックスフォード大学における学内研修プログラム …… 102
　　2．他の大学における学内研修プログラム ………………… 108
　　3．人事管理部門の研修担当者たち ………………………… 110
　　4．学内研修と専門職業的団体 ……………………………… 111
　　おわりに ……………………………………………………………… 113
　　註 …………………………………………………………………… 114
　　参考文献 ……………………………………………………………… 115

終章　イギリスの大学経営人材の養成に
　　　　　関する比較的考察 ………… 117
　　はじめに ……………………………………………………………… 118
　　1．大学組織の構成と管理運営の専門職 ……………………… 118
　　2．教学側の管理運営の専門職 ……………………………… 120
　　3．非教学側の管理運営の専門職 …………………………… 122
　　4．管理運営のプロフェッショナルを養成する大学院課程 … 124
　　5．個別大学内における研修および非学位プログラム …… 125
　　6．日本の大学職員の専門性と大学院課程の正当性 ……… 126
　　おわりに ……………………………………………………………… 127
　　註 …………………………………………………………………… 129
　　参考文献 ……………………………………………………………… 130

あとがき ……………………………………………………………… 131
事項索引 ……………………………………………………………… 133

図表一覧

序章
　図序－1　アメリカの大学管理運営職とその養成プログラム……………7
　図序－2　イギリスの大学管理運営職とその養成プログラム……………8

第1章
　表1－1　報告者の属性と報告内容の一部……………………… 26-27

第2章
　表2－1　イギリスの大学の教職員の構成…………………………… 37
　図2－1　イギリスの大学の教職員のキャリア形成…………………… 38
　図2－2　融合した新たな専門職が活躍する場……………………… 42

第3章
　表3－1　高等教育の学位／資格・レベル・単位…………………… 51
　表3－2　「高等教育プログラム」の数と授与学位 ………………… 54
　表3－3　「高等教育プログラム」の提供組織 ……………………… 56

第4章
　表4－1　IOE MBA in Higher Education Management
　　　　　のプログラム構成 …………………………………………… 61
　表4－2　ケント大学 MA in Higher Education Management
　　　　　のプログラム構成 …………………………………………… 64
　表4－3　ウォーリック大学 MA in Educational Leadership
　　　　　and Management のプログラム構成 …………………… 65
　表4－4　サウサンプトン大学 MSc in Education Practice
　　　　　and Innovation のプログラム構成 …………………………… 68
　表4－5　ラフバラ大学 MSc in Management and Leadership (HEA)
　　　　　のプログラム構成……………………………………………… 69

第5章
　表5－1　バース大学 DBA in Higher Education Management
　　　　　のプログラム構成………………………………………………… 77
　表5－2　リヴァプール大学 EdD in Higher Education
　　　　　のプログラム構成 ……………………………………………… 80

第6章
- 表6-1　AUA PgCert のプログラム構成 …………………………… 91
- 表6-2　高等教育リーダーシップ財団による研修プログラム ……… 93

第7章
- 表7-1　オックスフォード大学ラーニング・インスティテュートの教職員向け研修 …………………………………… 104-105
- 表7-2　オックスフォード大学ラーニング・インスティテュートの新人向け研修 …………………………………… 106
- 表7-3　マネジメント／リーダーシップ能力開発の戦略的枠組みのレベルと対象者 …………………………………… 106

終章
- 表終-1　イギリスの大学の教職員の構成 ………………………… 119
- 表終-2　アメリカの大学の教職員の構成 ………………………… 119
- 表終-3　日本の大学の教職員の構成 ……………………………… 121

イギリス大学経営人材の養成

序章
研究の目的と分析の枠組み

1．本研究の目的と意図
2．分析の枠組み
　　（1）分析の対象
　　（2）イギリスの大学職員と「高等教育プログラム」
3．本研究の方法
4．先行研究の検討
5．研究の意義
註
参考文献

1．研究の目的と意図

　日本では 1990 年代後半から日本における大学職員の能力開発の重要性が盛んに唱えられるようになった。職員に求められる業務の高度化・複雑化に伴い、大学院等で専門的教育を受けた職員が相当程度存することが、職員と教員とが協働して実りある大学改革を実行していく上で必要条件になってくると言っても過言ではないと中央教育審議会（文部科学省　2008）でも提言されている。国内における具体的な動きとして、大学職員の学会が 1997 年に発足し、2000 年以降職員の能力開発を主目的とする大学院課程も誕生している。大学職員としての能力を開発するために修士課程へ進学した職員たちの中には博士課程への進学者も出始めている。

　筆者はこれまで世界でも憧憬を伴い注目されることの多いアメリカ合衆国（以下アメリカと略記）の大学職員とその養成プログラムを中心に研究を進めてきた（高野　2012, 2014）。アメリカでは大学院課程を修了した職員が、管理運営の専門職として大学間を横断し活躍している。そうした大学の管理運営のプロフェッショナルを養成する「高等教育プログラム（Higher Education Program ／ Higher Education Administration Program）」と呼ばれる教育系の大学院課程があり、博士課程では上級レベル、修士課程では中級レベルの管理運営職が育成されている。あわせて、社会的地位の向上、ネットワークの形成、職能の開発を行う専門的職業団体が数多く存在する。

　翻って、日本における大学職員はかつて「ジム (事務)」と呼ばれ、専門的な職として遇されてこなかったわけであるが、現在でもアメリカほど高等教育を専門とする大学院課程が数多くあるわけではなく、さらに大学院での教育歴が職業資格のように評価される雇用市場の形成や、大学経営の専門職化が充分に進んでいるわけではない。

　よって本書では、アメリカとの比較という視座で、日本との共通点の多いグレート・ブリテンおよび北アイルランド連合王国（United Kingdom of Great Britain and Northern Ireland、以下イギリスと略記）における大学職員とその能力開

発プログラムについて検討し、今後のわが国における大学の管理運営職の育成の在り方への知見の導出を図りたい。本研究の目的は、イギリスにおける大学の管理運営職とはいかなる専門職で、高等教育を専門・専攻とする大学院課程でどのように養成されているのかをイギリス全体のシステムの中で明らかにしようとするものである。

2．分析の枠組み

（1）分析の対象

　世界の高等教育に変容をもたらしている要因として、高等教育へのアクセスの増大、国家の役割の縮減と高等教育の市場化、民間教育機関の台頭等が挙げられる（堀 2014）。イギリスに端を発した新自由主義の思潮の影響を日本の教育界も受けていることは間違いないであろう。近年のイギリスにおける教育改革は、日本の国公立大学の法人化、評価制度の導入、大学教育の分野別参照基準の策定、ファカルティ・ディベロップメントの義務化、学長のリーダーシップの強化等、アメリカ以上に強い影響を日本の高等教育界に及ぼし続けているとも言えよう。

　イギリスでは1990年代より大学への補助金の配分の仕組みがいっそう競争的となり、高等教育機関に対する公財政支出の対GDP比のOECD各国比較では日本と同様に低い水準にある（OECD 2007）。また十数年来にわたり大学拡張政策（widening participation）がとられ、従来は大学へ進学しなかった一定層が大学へ進学する等、進学率は上昇している。1992年にはポリテクニックが大学へ昇格し、高等教育制度の一元化が目指されたことは日本においても周知の事実である。高等教育の大衆化の進行とともに、教育の質保証および効率的な大学経営が強く求められ、2000年初頭には大学の経営人材の研修プログラムの提供を主目的とした財団や、大学のリーダーを育成する大学院課程が新たに開設されている。もとよりイギリスの大学においては、非教学側、すなわち職員の最上位の職階は事務局長（registrar）にあたる。職員は教員の支援的役割に徹していたという点においても日本との類似点がある（大場編 2004）。

日本では、これまで民間企業の経営手法を取り入れることや、外部人材の積極的な登用も政策提言されてきた。学長の補佐を中心とする管理運営機能の強化への対応、多様化する学生の増加への対応等で大学教員の多忙化が進み、大学職員が果たす役割への期待がいっそう高まっている。国の財政が逼迫し、少子高齢化の時代をむかえ、自助努力が求められる中での舵取り、学内における采配の振り方は、国公私立の設置形態を問わずより難しくなっている。同時に、大学の構成員としての教員と職員は、専任教員、任期制教員、非常勤講師、法人職員、短期雇用職員、企業からの派遣職員、設置者側の職員、パートやアルバイト等と、同質性は失われつつあり、身分・待遇は異なる。さらにインスティテューショナル・リサーチャー（IRer）、ファカルティ・ディベロッパー（FDer）、リサーチ・アドミニストレーター（URA）といった耳目を引く新たな専門職も最近の日本の大学で出現しつつある。とはいえ、大学の管理運営の中枢を担うのは古今東西、教授層（教学側出身者）である。したがって、本研究では、大学の管理運営を担う職員のみならず教員も大学管理運営職として分析の対象とする。大学経営人材というと、理事長や理事といった役職者のみがイメージされ得るが、大学で管理運営の仕事に携わる教職員を射程にいれ、それぞれの果たす役割と必要とされる能力、さらに職能開発を行う方法や場について検討する。

（2）イギリスの大学職員と「高等教育プログラム」

　日本において高等教育を専門・専攻とし大学経営の専門職（幹部）を養成する大学院課程には、大学経営・政策コース（東京大学大学院）、大学アドミニストレーション専攻（桜美林大学大学院）等がある。専門・専攻の名称は日米英において様々であるため、本研究では便宜的に総称して「高等教育プログラム」と記す場合がある。

　図序－1は、アメリカの大学における管理運営を専門とする職とその職能開発プログラムの関係を表したものである。大学管理運営職を養成、あるいは教育、もしくは訓練するプログラムには、修士号や博士号を授与する大学院課程である高等教育プログラムの他に、学位ではなく修了書を発行する

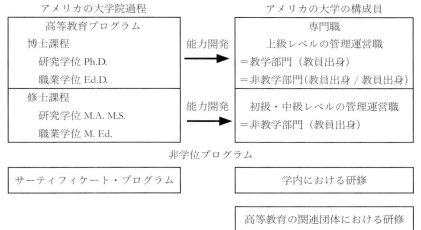

図序－1 アメリカの大学管理運営職とその養成プログラム

サーティフィケート・プログラム、個別の大学が自前で行う研修プログラム、大学の関連団体が主催する研修プログラムがある。アメリカでは早くからとりわけ学生支援の分野で専門職化が進み、担当する業務に関連のある分野で修士号もしくは博士号をもつ職員は珍しくない。もちろんアメリカの職員全員がプロフェッショナルなのではなく、補助的な役割を果たす事務職員や現業職は存在する。

アメリカの高等教育プログラムでは、修士課程が初級（entry）・中級（mid）レベルの大学管理運営職、博士課程が上級（senior）レベルの大学管理運営職の養成が目指されており、大学管理運営職の採用時に学位が職業資格の役割を果たすようになっている。数多く存在する高等教育の関連団体、とりわけ専門的職業団体では社会的地位の向上および専門的職能の開発のための活動が行われているが、こうした団体と個別の大学との間で職員の流動化も生じている。高等教育プログラムが親課程となることが多いサーティフィケート・プログラムは、高等教育以外の専門・専攻の修了者が主に活用する。

他方、本書で明らかにしようとするイギリスでは、次のようになっている。2002年に高等教育の学位と職業資格を統合した高等教育資格枠組み（higher education framework）ができ、レベルに応じて必要最低単位数が示されるようになった。アメリカにおける非学位授与プログラムであるサーティフィケート・プログラムに相当する教育プログラムは、イギリスではレベル6（学士課程相当）より上の段階にあたるレベル7の中に位置付けられている。ゆえに、本研究では、レベル6の大学卒業後の教育段階にあたるレベル7と8、個別大学における研修、高等教育の関連団体における研修を分析の対象とする。

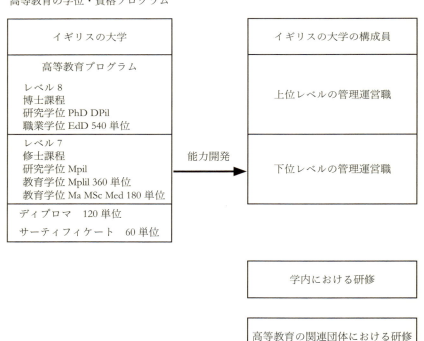

図序-2　イギリスの大学管理運営職とその養成プログラム

3．研究の方法

　日本では大学経営人材像について語られたり、大学職員に専門性が期待されたりする反面、職員のキャリア形成が支援されたり、キャリアの経路が確立し雇用の流動化が起きたりしているわけではない[1]。本研究では、イギリスの高等教育システム全体の中で、大学の経営にかかわる人々がどういう専門職たちで、どのように育成されているのかを捉えることとする。

　基本的に国内外の政府および関連団体の統計資料や文書、イギリスの高等教育学会（Society for Research into Higher Education 以下 SRHE）やアメリカの高等教育学会（Association for the Study of Higher Education 以下 ASHE）の学会誌、Routledge 社、Springer 社、Jossey-Bass 社が刊行する学術書、個別大学が発行する資料、論文等の文献研究を中心にふまえる。さらに、大学受験生やその保護者向けの情報誌の収集を加える。また、諸外国の高等教育システムの理解を深めるために、高等教育以外の教育関係の資料、社会政策や歴史関係の書籍も収集し分析する。

　文献研究のみならず、インタビュー調査も行う。具体的には、2012 から 2014 年度にかけて、各年度イギリスへ 1 回、アメリカへ 1 回、合計 6 回、現地調査および国際会議参加のため渡航し、大学および高等教育関連機関を訪問した。イギリスにて 10 大学と 3 団体の計 17 名、アメリカにて 5 大学と 3 団体の計 27 名の教職員にインタビュー調査を実施した。日本においても、イギリスの関係者 2 名にインタビュー調査を実施した。この他に、電子メールにて日英米の 7 名の教職員に聞き取り調査を行った。合計 50 名にのぼる職員を養成する諸外国の大学院関係者から意見を聴取した。筆者が出席した 2014 年 9 月にイギリスのオックスフォード・ブルックス大学にて開催された Institutional Research（機関調査・研究）担当者向けの大会には国内外より 120 名ほどの参加者が集まった[2]。

■ イギリスでの訪問先は以下の通りである。所属先・役職・職員は当時のままである。

- Dr. Whitchurch, Celia
    Lecturer in Higher Education Studies, Institute of Education, University of London
    2012年10月17日　ロンドンにて
- Dr. Terano, Mayumi
    Research Officer, Department of Learning, Curriculum and Communication, Institute of Education, University of London
    2012年10月17日　ロンドンにて
- Dr. Ertl, Hubert
    Lecturer in Higher Education, Department of Education, University of Oxford
    2012年10月18日 オックスフォードにて
- Prof. Goodman, Roger
    Head of Social Sciences Division, University of Oxford
    2012年10月18日 オックスフォードにて
- Dr. Goss, Stephen
    Pro-Vice-Chancellor, Personnel and Equality, University of Oxford
    Director of Oxford Learning Institute, University of Oxford
    2012年10月18日　オックスフォードにて
- Dr. Quinlan, Kathleen M
    Head of Educational Development, University of Oxford
    Research Fellow, Department of Education, University of Oxford
    2012年10月18日　オックスフォードにて
- Dr. Naidoo, Rajani
    Director of Studies DBA(HEM)
    Professor in Higher Education Management, School of Management, University of Bath
    2012年10月19日　バースにて
- Dr. Inger, Simon
    Head of Staff Development, University of Bath
    2012年10月19日　バースにて
- Mr. Andrews, Matthew
    Academic Registrar, Oxford Brookes University
    2013年10月30日と2014年9月8日　オックスフォードにて
- Prof. Locke, William
    Reader in Higher Education Studies, Institute of Education, University of London
    Co-Director, Center for Higher Education Studies, Faculty of Policy and Society, Institute of Education, University of London
    2013年10月31日　ロンドンにて

序章　研究の目的と分析の枠組み　11

- Mr. Lock, David J.
    Director of International Projects, Leadership Foundation for Higher Education
    2013 年 10 月 31 日　ロンドンにて
- Dr. Williams, Joanna
    Lecturer in Higher Education and Academic Practice
    Programme Director MA in Higher Education and Academic Practice, Centre for the Study of Higher Education, University of Kent
    2013 年 11 月 1 日　カンタベリーにて
- Dr. Dismore, Harriet
    Director of Advanced Programmes, Southampton Education School, University of Southampton
    2014 年 9 月 9 日　サウサンプトンにて
- Dr. Mercer, Justine
    Course Leader MA Educational Leadership (Teach First), Center for Education Studies, University of Warwick
    2014 年 9 月 10 日　コヴェントリーにて
- Dr. Kahn, Peter
    Director of Studies for the EdD in Higher Education, University of Liverpool
    2014 年 9 月 11 日　リヴァプールにて
- Dr. Kitagawa, Fumi
    Lecturer in Enterprise Studies, Innovation, Management and Policy Research, Manchester Business School, University of Manchester
    2014 年 9 月 11 日　リヴァプールにて
- Mr. Hipkin, Brian
    Dean of Students, Regent's University
    2014 年 9 月 11 日　ロンドンにて

■イギリスの大学管理運営職の養成について、日本で行ったインタビューは次の通りである。

- Sir. Watson, David
    Professor of Higher Education,
    Principal, Green Templeton College, University of Oxford
    2012 年 7 月 18 日　東京にて
- 糟谷稔氏
    一般財団法人高等教育研究財団　理事長
    2013 年 9 月 30 日 東京にて

■ 電子メールにて行ったインタビューは以下の通りである。

- Ms. Taylor, Elizabeth
   Administrator in Business Administration, University of Loughborough
   2013年7月2日〜8月12日
- 高原芳枝氏
   九州大学国際交流推進室
   2015年2月10日〜18日

■ 続いて、アメリカでの訪問先は以下の通りである。所属先・役職・職員は当時のままである。

- Dr. Rhodes, Terrel L.
   Vice President, Office of Quality, Curriculum and Assessment, Association of American Colleges and Universities
   2012年2月4日　ワシントンDCにて
- Dr. Finley, Ashley
   Senior Director of Assessment and Research, Association of American Colleges and Universities
   2012年2月4日　ワシントンDCにて
- Dr. Norman, Harry L.
   Associate Vice President for International Programs
   Dean, University Extended Education, California State University, Fullerton
   2012年2月8日　カリフォルニア州フラトンにて
- Ms. Melem, Sharpe-Kwon
   Manager, International Instructional Development & Management, California State University, Fullerton
   2012年2月8日　カリフォルニア州フラトンにて
- Dr. Guillaume, Andrea M.
   Center Program Coordinator, Center for Creativity & Critical Thinking in Schools
   Department of Elementary and Bilingual Education, California State University, Fullerton
   2012年2月8日　カリフォルニア州フラトンにて
- Dr. Shang, Paul
   Assistant Vice President and Dean of Students, University of Oregon
   2013年9月3日　オレゴン州ユージーンにて
- Mr. Dura, Stan
   Director of Student Affairs Assessment and Research, Division of Student Affairs, University of Oregon
   2013年9月3日　オレゴン州ユージーンにて

- Ms. Eyster, Sheryl
  Associate Dean of Students, Office of the Dean of Students, University of Oregon
  2013年9月3日　オレゴン州ユージーンにて
- Dr. Putney, LeAnn G.
  Professor and Chair, Department of Educational Psychology and Higher Education, University of Nevada at Las Vegas
  2013年9月5日　ネバダ州ラスベガス
- Dr. Vicki J. Rosser
  Professor of Higher Education, Department of Educational Psychology and Higher Education, University of Nevada at Las Vegas
  2013年9月5日　ネバダ州ラスベガスにて
- Dr. Martinez, Mario
  Professor of Higher Education, Department of Educational Psychology and Higher Education, University of Nevada at Las Vegas
  2013年9月5日　ネバダ州ラスベガスにて
- Dr. Nehls, Kim
  Executive Director of the Association for the Study of Higher Education
  2013年9月5日　ネバダ州ラスベガスにて
- Dr. Winniford, Janet
  Vice President of Student Affairs, Weber State University
  2013年9月6日　ユタ州オグデンにて
- Dr. Kowalewski, Brenda Marsteller
  Professor of Sociology, Department of Sociology,
  Director, Center for Community Engaged Learning, Weber State University
  2013年9月6日　ユタ州オグデンにて
- Mr. Moon, Mike
  Assistant Director, Center for Community Engaged Learning, Weber State University
  2013年9月6日　ユタ州オグデンにて
- Mr. Zane, Curtis
  Human Resources Specialist, Human Resources Office, University of Hawaii at Mānoa
  2014年8月4日　ハワイ州ホノルルにて
- Ms. Fujino, Grace
  Human Resources Specialist, Human Resources Office, University of Hawaii at Mānoa
  2014年8月4日　ハワイ州ホノルルにて
- Dr. Hernandez, Francisco
  Vice Chancellor for Students, University of Hawaii at Mānoa
  2014年8月4日　ハワイ州ホノルルにて

- Mr. Mongold, David J.
  Senior Analyst, Office of the Vice President for Academic Planning and Policy, University of Hawai'i System
  2014年8月5日　ハワイ州ホノルルにて
- Ms. Yokogawa, Lauren
  Analyst, Office of the Vice President for Academic Planning and Policy, University of Hawai'i System
  2014年8月5日　ハワイ州ホノルルにて
- Dr. Zhang, Yang
  Director, Manoa Institutional Research Office, University of Hawaii at Mānoa
  2014年8月5日　ハワイ州ホノルルにて
- Dr. O. Kane, Kathleen
  Faculty Specialist, Director, Office of Faculty Development and Academic Support, University of Hawaii at Mānoa
  2014年8月6日　ハワイ州ホノルルにて
- Dr. Arai, Meiko
  Specialist, Professional Development, Office of Faculty Development and Academic Support, University of Hawaii at Mānoa
  2014年8月6日　ハワイ州ホノルルにて
- Dr. Dasenbrock, Reed
  Vice Chancellor for Academic Affairs, University of Hawaii at Mānoa
  2014年8月6日　ハワイ州ホノルルにて
- Dr. Hill, Yao Zhang
  Assistant Specialist, Assessment Office, University of Hawaii at Mānoa
  2014年8月7日　ハワイ州ホノルルにて
- Dr. Stitt-Bergh, Monica
  Associate Specialist, Assessment Office, University of Hawaii at Mānoa
  2014年8月7日　ハワイ州ホノルルにて

■ 電子メールにて行ったインタビューは以下の通りである。

- 柳浦猛氏
  Institutional Research Analyst, Office of the Chief Executive Officer, Community College of the District of Columbia
  2013年1月19日
- Dr. Heck, Ronald
  Chair, Educational Administration, College of Education, University of Hawaii at Mānoa
  2014年8月8日

なお、本文中でインタビューから参照したものは、以下のように記載する。

〈凡例〉[Mercer 2014], Locke [2013]

4．先行研究の検討

　イギリスに限らず高等教育を取り巻く近年の新自由主義と教育改革に関しては細井・石井・光本編（2014）やSharttock ed. (2014)、イギリスの高等教育のガバナンスや政策の動向に関してはAustin and Jones(2016), Callender and Scott eds. (2013), Tight（2012）, Sharttock（2012）, Locke,Cummings and Fisher eds. (2011), Deem, Hillyard and Reed（2007）, McNay ed.（2006）、横山・中井（2004）, Warner and Palfreyman eds. (1996) 等が挙げられよう。これらによるとmanagerialism（管理主義）の浸透とともに、戦略的な大学運営を可能とするプロフェッショナル、献身的なリーダーがイギリスにおいて求められていることが示されている。イギリスの大学におけるリーダーシップや職員の育成について触れているものは、Middlehurst(1993), Thackwray(1997), Gold,Rodgers and Smiths(2003), Clegg and McAuley(2005), Gordon and Whitchurch（2007,2011）, Gordon and Whitchurch eds.(2010), Whitchurch,Skinner and Lauwerys(2009), Whitchurch(2008, 2009, 2010, 2012, 2013), Gentle with Forman(2014) らである。とりわけDr. Whitchurchは従来の教員と職員の架け橋となるような管理運営の専門職の出現を指摘する等，精力的に職員論を展開している。これらの他に、イギリスの高等教育の制度やガバナンスに着目したものとしては秦（2001a, 2001b, 2009, 2010, 2014）や秦編（2013）、継続教育の視点から姉崎（2008）、大学教育に関しては（佐貫2002）、イギリスにおける資格制度の研究は柳田（2004）、資格・学位に関しては村田（2009, 2010）や小山（2009）により日本で報告されている。最近の大学職員論の研究のレビューは大場（2014）に詳しい[3]。ただし、イギリスの大学職員とその能力開発について直截的に扱う論考はさほど多くはない。

　近年最も早くイギリスの大学管理運営職とその能力開発の活動について紹介しているのは、隅田（2004）や大場（2004）、続いて中島（2011）、大森（2012）、秦（2013）、吉田（2014）であろう。隅田（2004）は運営費の多くが

国費で賄われているものの、各大学が独立し、教職員が国家公務員ではないというイギリスの特有の体制、非教学部門の最上級ポジションであるレジストラーや教育プログラムの管理運営担当者であるプログラム・アドミニストレーター等の職員のキャリア形成について報告している。イギリスの職員は「オープン・ユニバーシティやパートタイム学生として大学院に学び学位を取得した場合、昇進がある程度保証される場合が多い」(姉崎 2008：205) ようである。1985年に発表されたジャラット報告 (Jarratt Report) の提言を契機に、日本の大学の学長に相当する者は、最高経営責任者として位置づけられるようになった (大森 2012)。秦 (2001a) は、1998年の教育改革法 (Education Reform Act) によりテニュア制度が廃止されたことや、政府が質の管理といった言葉を巧みに使い大学を統制しつつあることに加え、以前にはなかった部長職 (Dean) が設置され、管理者として大学教員に影響を及ぼす教学マネジメントの職が出現したことを指摘している。さらに隅田 (2014) によると、現在のイギリスにおける専門職化は研究支援や国際連携業務で進んでいるようである。大場 (2004)、秦 (2013)、中島 (2011)、大森 (2012)、吉田 (2014) らによって非営利法人における大学教職員向けの研修やロンドン大学における実践例もいくつか紹介されている。イギリスの大学院における学問を基盤としたエンプロイアビリティ育成の有効性を示唆した大森 (2011) は、さらにイギリスの高等教育の制度的・組織的文脈において大学経営と経営人材の職能開発について探求し、日本への含意として自律的な大学経営にふさわしい制度やガバナンスがあってこそ、大学経営人材が育ち、活躍し得るとしている (大森 2012)。したがって、本書では、イギリスにおける大学経営人材の開発プログラムの全体のシステムをできるだけ網羅的かつ体系的に見ていくこととする。

5．研究の意義

本書では、日本と共通点の多いイギリスにおける大学の管理運営に携わる教職員と、イギリスにおける①修士号や博士号を授与する大学院課程である

高等教育プログラム、②学位ではなく修了書を発行するサーティフィケート・プログラム、③個別の大学が自前で行う研修プログラム、④大学の関連団体が主催する研修プログラムについて総合的に考察する。

　日本では、『IDE 現代の高等教育』にて 2008 年から 2015 年にかけて 5 回にわたり大学の職員に関する特集が組まれ、2010 年発行の日本高等教育学会誌でも「スタッフ・ディベロップメント」が特集のテーマとなった。最近では大学基準協会が 2013 年に『大学職員論叢』の第 1 号を発刊している通り、日本における大学職員の重要性に対する社会的認知は飛躍的に高まっている。中央教育審議会の答申（文部科学省 2013）では、リサーチ・アドミニストレーター、アドミッション・オフィサー、カリキュラム・コーディネーターといった新たな高度専門職の安定的な採用および育成、大学運営に参画する事務職員の専門性を社会人学生として大学院で向上させること等が提言されている。また 2017 年度より大学の管理運営に携わる教職員の能力形成が義務化される。

　これまで大学職員の管理運営能力の開発の必要性が主として論じられ、その際の合わせ鏡の一つがアメリカであった。かつてアメリカの大学職員は、永井 (1962) によって「教育行政者として尊重され、それにふさわしい能力と資格をもっている」と示され、1997 年に発足した大学行政管理学会の開設趣旨では「自律的かつ高度な専門職業として機能」(1996) すると紹介されている。

　アメリカの大学職員に関しては、近年では小貫 (2010) が学生担当職員、清水 (2015) がアカデミック・アドバイザー、両角 (2011) が日米比較、中島 (2013) が大学執行部向けの研修、福留 (2013) が理事と学長、吉永 (2013) が教育担当副学長のリーダーシップ開発等について論述している。高野 (2012) は、大学職員が所属する大学、部署、担う職務内容、職位等による特性の違いが大学教員以上に大きく、「職員」と一括りにはできないことを考慮し、特定の職種や職位だけに限定せず、歴史的な経緯や社会的な文脈をふまえ統計資料の収集やこれまでに実施したインタビュー調査等を通して、大学職員の専門性とその能力開発について包括的に検討している。

イギリスの大学は、バッキンガム大学以外は公立セクターの性質を有するため、日本の国立大学の管理運営の参考にもされてきた（大学評価・学位授与機構編 2003）。かつて 7 つの海を支配していたイギリスはその国力を維持するためにも、これまで大学に縁のなかった人々への門戸を開放し多様な学生を受け入れつつある（BIS 2011）。イギリスは日本の約 3 分の 2 の国土をもち、人口は日本のおよそ半数である（ブリタニカ国際大百科事典 2011）。大学の数も日本の 2 割程度とはるかに少ない。にもかかわらず、大学職員を養成する大学院課程の数や規模は日本を凌ぐ。また人事や学生支援担当の職員たちの多くが修士号や博士号をもち、専門職団体に所属し、日本より専門職化が進みつつある。イギリスに、日本の約 25 倍の広大な国土と約 3 倍の人口に 4 倍近い大学数のアメリカを加えた三面鏡を用いてシステムを比較分析し、日本の大学における大学経営人材の専門性や求められる能力・資質・態度、キャリア形成の在り方、職能開発の制度設計、大学院教育や高等教育研究における限界や可能性について、学術的な情報を提供することに本書の研究上の意義がある。

註

1　大学教員の教育力向上のための FD の義務化は 2007 年 4 月に大学院から施行された。当該大学の教育研究活動等の適切かつ効果的な運営を図るために大学教職員を対象とした SD の義務化は 2017 年 4 月に始まる。
2　この大会にはアメリカからジョージア大学の Dr. Webber, Karen L. が参加していたが、IR 業務内容、IR オフィス、I Rer といった IR 全般に関して、アメリカが日英より進歩しているようである。
3　広島大学の大場淳准教授は 2006 年にも「大学職員（SD）に関する研究の展開」にて研究動向のレビューを行っている。

参考文献

Austin, Ian and Jones, Glen A., 2016, *Governance of Higher Education*, Routledge.
BIS, 2011, *Students at the Heart of the System*, London: Department for Business Innovation and Skills.
Callender, Clair and Scott, Peter eds., 2013, *Browne and Beyond: Modernizing English Higher Education*, Institute of Education Press.
Clegg, Sue and McAuley, John, 2005, "Conceptualising Middle Management in Higher Education:

A multifaceted discourse," *Journal of Higher Education Policy and Management*, 27（1）: 1-16.
Deem, Rosemary, Hillyard, Sam, and Reed, Mike, 2007, *Knowledge, Higher Education, and the New Managerialism*, Oxford University Press.
Gentle, Paul with Forman,Dawn, 2014, *Engaging Leaders: The challenge of inspiring collective commitment in universities*, London: Routledge.
Gold, Jeff, Rodgers, Helen and Smiths, Vikki, 2003, "What is the future for the human resource development professional? A UK perspective," *Human Resource Development International*, 6（4）: 437-456.
Gordon, George and Whitchurch, Celia, 2007, "Managing Human Resources in Higher Education: The Implications of Diversifying Workforce," *Higher Education Management and Policy*, 19（2）: 135-155.
Gordon, George and Whitchurch, Celia eds., 2010, *Academic and Professional Identities in Higher Education*, London: Routledge.
Gordon, George and Whitchurch, Celia, 2011, "Some Implications of a Diversifying Workforce for Governance and Management," *Tertiary Education and Management*, 17（1）: 65-77.
Locke, William, Cummings, William K and Fisher, Donald eds., 2011, *Changing Governance and Management in Higher Education: The Perspective of the Academy*, Springer.
McNay, Ian ed., 2006, *Beyond Mass Higher Education*, Society for Research into Higher Education and Open University Press.
Middlehurst, Robin, 1993, *Leading Academics*, Society for Research into Higher Education and Open University Press.
OECD, 2007, *Education at a Glance* 2007,Organization for Economic Co-operation and Development.
Shattock, Michael, 2012, *Making Policy in British Higher Education 1945-2011*, Berkshire: Open University Press.
Shattock, Michael ed., 2014, *International Trends in University Governance*, London: Routledge.
Thackwray, Bob, 1997, *Effective Evaluation of Training and Development in Higher Education*, London: Kogan Page Limited.
Tight, Malcolm, 2012, *Researching Higher Education: Second Edition*, Society for Research into Higher Education and Open University Press.
Warner, David and Palfreyman, David eds.,1996, *Higher Education Management*, Society for Research into Higher Education and Open University Press.
Whitchurch, Celia, 2008,"Shifting Identities and Blurring Boundaries: the Emergence of Third Space Professionals in UK Higher Education," *Higher Education Quarterly* 62（4）: 377-96.
Whitchurch, Celia, 2009, "The rise of the blended professional in higher education: a comparison between the United Kingdom, Australia, and the United States," *Higher Education* 58: 407-418.
Whitchurch, Celia, 2010, "Some implications of 'public/private' space for professional identities in higher education," *Higher Education* 60: 627-640.
Whitchurch, Celia, 2012,"Expanding the parameters of academia,"Higher Education 64: 99-117.
Whitchurch, Celia, 2013, *Reconstructing Identities in Higher Education*, London: Routledge.

Whitchurch, Celia, Skinner, Maureen, Skinner, and Lauwerys, John, 2009, "Recent developments in relation to professional staff UK higher education," *Australian Universities' Review,* 51(1):56-60.
姉崎洋一、2008、『高等継続教育の現代的展開－日本とイギリス』北海道大学出版会。
大場淳、2004、「英国における職員開発活動の発達と展開」大場淳編、『諸外国の大学職員≪米国・英国編≫』、高等教育研究叢書79 広島大学高等教育研究開発センター：87-113。
大場淳編、2004、『諸外国の大学職員≪米国・英国編≫』高等教育研究叢書79、広島大学高等教育研究開発センター。
大場淳、2006、「大学職員（SD）に関する研究の展開」広島大学高等教育研究開発センター編『大学論集』36：271-296。
大場淳、2014、「大学職員研究の動向－大学職員論を中心として－」『大学論集』46：91－106。
大森不二雄、2011、「大学院におけるエンプロイアビリティの育成－英国の現状から浮かび上がる課題－」、広島大学高等教育研究開発センター編『大学論集』42：353-369。
大森不二雄、2012、「英国における大学経営と大学経営人材の職能開発－変革のマネジメントとリーダーシップ－」、『名古屋大学高等教育研究』12：67-93。
小貫有紀子、2010、「米国高等教育における学生担当職員の専門職能開発（PD）の体系化」『高等教育研究』13：81-100。
小山善彦、2009、『イギリスの資格研修制度－資格を通しての公共人材育成－』公人の友社。
佐貫浩、2002、『イギリスの教育改革と日本』高文研。
清水栄子、2015、『アカデミック・アドバイジング　その専門性と実践』東信堂。
隅田英子、2004、「II英国編　第1章　英国の大学職員～ Staff Development という視点からの一考察」、大場淳編、2004、『諸外国の大学職員≪米国・英国編≫』高等教育研究叢書79：71-86、広島大学高等教育研究開発センター。
隅田英子、2014、「英国の大学職員の動向～グローバル競争激化時代の中での変容に関する一考察～」、『大学職員論叢　第2号』13-24。
大学評価学位・授与機構編、2003、『新しい時代の大学の管理運営』大学評価学位・授与機構。
高野篤子、2012、『アメリカ大学管理運営職の養成』東信堂。
高野篤子、2014、「アメリカにおける大学職員と職能開発の動向」、大学基準協会『大学職員論叢』2：5-12。
永井道雄、1962、「大学公社」案の提唱、『世界』1962年10月号。（山岸駿介編、2002、永井道雄『未完の大学改革』中公叢書。）
中島英博、2011、「大学における管理職研修の開発と課題－ロンドン大学教育学院におけるアカデミック・アドミニストレータ研修－」『大学・学校づくり研究』4：31-41。
中島英博、2013、「アメリカにおける大学執行部向け研修の現状と課題」平成22年度～平成24年度科学研究費補助金（基盤研究B）『大学経営高度化を実現するアカデミック・リーダーシップ形成・継承・発展に関する研究』（研究代表者：夏目達也、課題研究番号22330213）最終成果報告書71-84。
秦由美子、2001a、『変わりゆくイギリスの大学』学文社。
秦由美子、2001b、『イギリス高等教育の課題と展望』明治図書出版。
秦由美子、2009、「イギリスの大学の管理運営と組織文化」、日本教育学会『教育学研究』

76(2): 220-234。
秦由美子、2010、「第6章　英国における高等教育制度と大学の設置形態」、広島大学国立大学財務・経営センター編『大学財務経営研究』13: 131-178。
秦由美子、2013、「第3章　イギリスにおける大学経営人材養成」、山本眞一編『高等教育研究叢書』123、55-71、広島大学高等教育研究開発センター。
秦由美子編、2013、『イギリスの大学におけるガバナンス高等教育研究叢書』121、広島大学高等教育研究開発センター。
秦由美子、2014、『イギリスの大学－対位線の転位による質的転換』東信堂。
福留東土、2013、「米国における大学経営人材 ― 理事と学長に着目して ―」山本眞一編『教職協働時代の大学経営人材養成方策に関する研究』広島大学高等教育研究開発センター高等教育研究叢書 123：41-53。
細井克彦・石井拓児・光本滋編、2014、『新自由主義大学改革～国際機関と各国の動向～』東信堂。
堀雅晴、2014、「第1章　グローバリゼーションと新自由主義」、細井克彦・石井拓児・光本滋編、2014、『新自由主義大学改革～国際機関と各国の動向～』東信堂：4-24。
村田直樹、2009、「英国における大学院課程の多様化と質保証の仕組み」『桜美林高等教育研究』1：75-99。
村田直樹、2010、「第2章　イギリスの大学・学位制度：イングランドを中心に」独立行政法人大学評価学位・授与機構編『学位と大学　大学評価学位授与機構研究報告第1号』11-91。
両角亜希子、2011、「私立大学の経営戦略（4）アメリカの大学職員」『私学経営』435、38-45。
文部科学省中央教育審議会大学分科会制度・教育部会、2008年12月24日「学士課程教育の構築に向けて（答申）」。
文部科学省中央教育審議会大学分科会組織運営部会、2013年12月24日「大学のガバナンス改革の推進について」（審議のまとめ）。
柳田雅明、2004、『イギリスにおける「資格制度」の研究』、多賀出版。
横山恵子・中井俊樹、2004、「イギリスの法人計画における国家と大学の関係」『名古屋大学高等教育研究』4：73-89。
吉田文、2014、「大学院における大学経営人材育成－イギリス IOE の事例－」『IDE 現代の高等教育』562：62-65。
吉永契一郎、2013、「アメリカにおける教育担当副学長のリーダーシップ開発」平成 22 年度～平成 24 年度科学研究費補助金　最終成果報告書（研究代表者　夏目達也）『大学経営高度化を実現するアカデミック・リーダーシップ形成・継承・発展に関する研究』85-97。

第1章
大学職員の能力開発と採用
── 大学院課程での学び

はじめに
1．報告内容より ── 個人（大学職員）と職場（採用）と大学院
2．討論より ── 個人（大学職員）と職場（採用）と大学院
3．ふりかえって ── 大学院へ進学する職員と大学院課程と採用・雇用の関係について
おわりに
註
参考文献

はじめに

　本章は、筆者が 2010 年 6 月の大学教育学会第 32 回大会にてラウンドテーブルを企画し、実施した報告書を元に修正加筆したものである。企画の趣旨は、次の通りであった。

　現職の大学職員を主な対象とした研修は、所属大学および各団体や協会、コンソーシアム等で実施され、職員の能力開発の主軸となっている。筑波大学や立命館大学では独自の職員養成プログラムが開設され、広島大学、名古屋大学、桜美林大学、東京大学、名城大学では高等教育の分野を専門とする大学院課程が存立している。

　2008 年の中央教育審議会の「学士課程教育の構築に向けて（答申）」では、「大学院等で専門的教育を受けた職員が相当程度存在することが、職員と教員とが協働して実りある大学改革を実行していく上で必要」（文部科学省 2008:40）と記述されているところであり、職員の中にはこうした大学院課程で学び、自己研鑽を図る者が増えている。しかし、大学職員で大学院へ進学した者の進学意図や、大学院教育やそこで得た学歴・学位の効果については、まだ充分に明らかにされているとは言えない（伊藤 2010）。

　このラウンドテーブルでは、学生相談やキャリアサポート等のカウンセラー、司書や学芸員、国際交流や知財担当といった特定の領域の専門職ではなく、幅広く一般の大学職員を対象として、大学院課程において獲得できる知識・スキル・能力・態度・マインドとは何か、それらを身に付けることが仕事やキャリアにどう結びつくのかを論じることをねらいとした。中堅の年齢層にあたる現職の職員で、職場からの派遣に先んじて、自ら修士課程さらに博士課程へ進学した会員 5 名に報告者をお願いし、進学前後の職務、進学目的・理由、大学院課程で学んだこと、職場との関係等について報告していただいた後に、参加者全員で討論を行った。本章は、報告と討論にみられた多様な内容を企画者である著者の視点からまとめたものである。

1．報告内容より —— 個人（大学職員）と職場（採用）と大学院

　協力いただいた報告者は、育英短期大学の岩田恭氏、札幌市立大学の上田理子氏、九州大学の田中岳氏、愛媛大学の秦敬治氏、大学コンソーシアム京都の深野政之氏であった[1]。報告を通して、報告者には、それぞれの大学職員論、能力開発論、さらには人生観があって多様であることがわかった。フロアの参加者も、大学院進学を考える若手の大学職員、大学職員を目指す学生、大学職員の能力開発を行う研修を担当する人事課の職員、大学院課程の教員、研究者等、様々であった。このような、個性豊かな報告者と参加者が一同に会したこと自体が本ラウンドテーブルの一番の成果であると思われる。

　次の表１－１は、ラウンドテーブルの報告内容を企画者（筆者）が便宜的に整理したもので、縦の欄に各報告者、横の欄に各報告者の大学院進学前、修士課程の段階、博士課程の段階、大学院修了後の事項を並べてある。言うまでもないことであるが、この表を作成することが本ラウンドテーブルの目的ではないし、この表を埋めるために報告がなされたわけでもない。

　Ａさんは、大学院修了の前後で転職をしていない。大学院課程を通して指導教員やメンターとの出会いも含めて人脈が広がり、現在は本務の傍らNPO法人の理事も務める等の充実感を得ている。ただし、大学院に進学して修士号・博士号を取得する（した）ことに職場は無関心であったという。大学職員が大学院で学位（特に博士号）を得ることに難色を示す教員・職員も職場内にはいたようである。Ｂさんは、私立大学で課長職をこなしながら大学院へ通い、公立大学で課長職を続けている。大学院へ進学したことが転職につながった訳でもなく、給与・待遇等は大学院での学位の取得の有無では変化していないと捉えている。修士課程に進学した際には職場の上司に嫌がられたという。

　Ｃさんは、私立大学で教務系の仕事を担っていた。大学教員を目指していた訳ではないが、転職し、現在は教員として学習・教育の企画・開発支援に携わっている。Ｄさんは、私立大学で財務・人事の仕事に携わっていた。現在は大学教員として教育・研究と管理運営の両方に関わる仕事を担っている。給与所得は減少したが、家族の理解もあり、仕事と家庭の両面で充実してい

表1-1 報告者の属性と報告内容の一部

	進学前の職	修士課程			
		進学先	進学の目的	論文テーマ	獲得したスキル・能力等
A	私立大学職員（大卒）	国立大学大学院	組織の意思決定の仕組みを学びたい。教員の目線で物事を考えたい。	大学職員の能力向上策。ガバナンスとガバメントから考察。	探究心。論理的思考能力。調査分析能力。プレゼンテーション能力。企画立案力。
B	私立大学職員（大卒）	国立大学大学院	もともと大学院への進学を志望していた。自らの好奇心から、大学とは何か、大学のあるべき姿とは何かを学びたい。	看護学部の社会人経験のある編入学生にとって大学教育を受ける意義。	理念的、根源的な大学のあるべき姿を知った。新たな価値観が身に付いた。自分自身の考え方の改善に結びついた。働き方に筋が通った。広い視野が養えた。
C	私立大学職員（大卒）	国立大学大学院	職員としての能力向上、成長願望があった。自分の人脈やスキルに疑問をもち、職員として成長したいと思った。		高等教育に対する先入観を解放し、高等教育に従事する者としての職業倫理が身に付いた。一つの大学での事情に長けることを超えた、何らかの規範が醸成された。
D	私立大学職員（大卒）	国立大学大学院	学生について知りたい。教師志望とは言え、金八先生を目指すのではなく、学校全体を良くしたい。		
E	私立大学職員（大卒）	私立大学大学院	職員としての能力向上を図りたい。	E大学の教養教育の展開。	大学に関する知識。資料収集力。文章作成力。

博士課程					現在の職
進学先	進学の目的	研究テーマ	修得学位	獲得したスキル・能力等	
公立大学大学院	多忙な職員のメンタルヘルスについて研究したい。	大学職員の労働負担に関する研究。	博士（経営学）	探究心。論理的思考能力。調査分析能力。プレゼンテーション能力。企画立案力。	私立大学職員
国立大学大学院		中堅大学職員の育成(SD)に関する研究。	退学	論文作成力が身に付いた。研究の面白さを知ることが研究支援に役立った。	公立大学職員
国立大学大学院			中途退学		国立大学教員
国立大学大学院		大学職員論について。	博士（教育学）	論理的思考力。研究手法と掘り下げる力。研究現場での教育手法。師匠の背中と見て学ぶことの必要性。教員の特性を知る（職員としても役立つ）。	国立大学教員
私立大学大学院	研究を継続したい。	大学のカリキュラム改革に関する国際比較研究。	満期単位取得退学	論文作成力。研究を計画し推進していく力。	コンソーシアム研究員

るという。CさんとDさんの二人に共通しているのは、勤務先の大学で体育系クラブの監督を務め、学生と直接向き合う経験を積んでいたことと、大学院で学んだ後に管理運営業務を教員の立場で担うようになったことである。大学職員が能力開発のために大学院課程で学ぶことは、従来の教員・職員とは異なる新たなタイプの管理運営の職員が生まれることにつながるのであろうか。Eさんは、私立大学で教務課、研究室、図書館、教育研究支援等の業務を経て、現在はFD支援を行う傍ら、自らの研究を遂行している。

自ら大学院に進学した5名の報告者に共通していることは、能力向上という個人としての成長願望である。大学職員を養成するとされる大学院課程(高等教育プログラム)を選択したのはCさんとEさんの2名のみであるが、5名全員が大学職員として能力開発を行うために修士課程を選択し、現場で生じた疑問や課題を修士課程の研究テーマとしている。その後は博士課程に進み、大学独自の価値を生み出す教育と研究に大きな関心を寄せている。

大学院課程で獲得した能力・スキル等は、大学職員の特定の領域の知識・スキルというより、論理的な思考能力、調査分析力、プレゼンテーション能力、論文作成能力、アカデミックな職業倫理等であるという。BさんとEさんには教員の研究活動に理解を示す発言が見られた。博士課程まで進学した5名の報告者たちに見られる共通点の一つとして、「教員」集団に対する理解が深まった点が挙げられている。

2. 討論より ── 個人(大学職員)と職場(採用)と大学院

大学職員の採用・異動・昇進の在り方と大学院の関係について、フロアの参加者(大学職員)から次のような意見が出された。「F大学では、大卒(短期大学の卒業者を含む)は一般の部署に配属され、大学院卒は中央の企画部門等に配属される」、「G大学では大卒のみを募集し、大学院卒は募集しない」、「H大学では修士課程に進学しても挫折してしまう職員が多い」。

こうした意見に対して、複数の報告者は、「(雇用・人材育成)制度と本人のやる気がないと、大学院課程は修了できない」、「仲間や伴奏者となってく

れる人の存在、家族の理解と協力は大きい」と答えていた。一方で、大学職員を採用する立場にある参加者（人事課長）は、「職員を大学院課程で研修させることは現実にはなかなか難しい。I 大学の職員採用は、昭和期は高卒がほとんど、現在は大卒がほとんどで、修士は年に1人か2人、大学職員の高学歴化は進んでいるが、採用後は（修士であっても）窓口を経験させ、現場を知ることを重視している」と述べていた。

さらに、大学院課程で大学職員に教える立場の参加者（教員）からは、「大学院課程で教えられることは研究能力であって、職員の職能開発は行えない」という問題提起がなされた。報告者と参加者の双方から「職能開発は組織が責任をもって考えることである。能力開発は個人の資質に負う。果たして大学院に行くのは個人のためなのか、それとも組織のためなのか」という趣旨の発言があった。

その他、「大学院課程で企画力が身に付いたというが、具体的にどうやって学内の意思決定を進めていくのか」、あるいは「修士課程へ合格するための勉強方法、指導教員選び、研究テーマの絞り方」等についての質問や意見が出された。

3. ふりかえって
―― 大学院へ進学する職員と大学院課程と採用・雇用の関係について

報告者たちは、大学職員としての能力を開発するために自主的に大学院課程を選択していたが、実際に身に付けた能力や態度は、論理的思考・調査分析・論文作成能力、アカデミックな倫理・価値観であった。大学院教育で身に付けた能力や態度は、肯定的に捉えられていたが、所得の増加という金銭的な対価には結びついていない。大学院課程の修了後に職員から教員にキャリア・チェンジした報告者もおり、大学の管理運営の在り方が徐々に変わりつつあることが推察できる。総体的に日本の大学職員の高学歴化は進んでいるが、高学歴の人をどう使うか、使いこなすかは職場（採用側）次第というのが現状であろう[2]。組織が人をどう使うかは組織の在り方の問題であり、

組織の在り方がすなわちその大学の個性ということになろうか。
　一方で、大学院教育を提供する側は、定員を充足させ、大学院課程の後継者となる教員・研究者を養成しながら、大学職員を養成することになる。とはいえ、大学院課程で行われていることはアカデミックな事柄に付随するものの伝授であり、報告者の話を総合すれば、結果として大学職員もアカデミックな能力・スキルを身に付けることを潜在的に望んで進学していることになろう。
　大学の管理運営職を養成するアメリカの大学院課程（高等教育プログラム）では、修士課程にて初級・中級レベルの職階、博士課程にて上級レベルの職階の職員の能力開発がなされるとされている。それは学生を獲得するための大学院課程の戦略かもしれず、学生の側にとって大学院で職能開発を行ったという学歴が就職で有利に作用するだけのことかもしれない。アメリカの大学院課程では、インターンシップ等の実務教育が導入され、研究者であるとともにプログラム・コーディネーターやプロジェクトのリーダー等の何らかのマネジメントの経験をもつ教員が多い。そうであるとしても、根本的にはアカデミックな普通の大学院課程であり、そのことが受け入れられた上で、大学院課程（高等教育プログラム）の教育市場と大学職員（アドミニストレーター）の雇用市場が成り立っている。
　一方、日本について、加藤（2010: 5）は「勤務する大学が直面する問題状況を徹底的に調べ上げ、創意工夫を重ねることにより特殊解を導きだす、という経験を通じて専門知識や技能を身につけてきた」プロフェッショナルと呼ぶにふさわしい第一世代の大学職員が存在するが、次世代のプロフェッショナルの育成は困難を極めていると指摘する。大学職員が学びたい内容と、大学院課程を提供する側が学ばせたい内容と、職場（採用側）が学ばせたい内容とはそれぞれ何か。職場（採用側）が大学院課程で研修させたい職員と、大学院課程に進学したい職員は一致するのか。これらは、大学の管理運営の在り方の変化に伴って、絶えず進化する。本ラウンドテーブルが、これらの問いにあらためて取り組む契機となることを祈念したい。
　最後になったが、自身の体験・意見を語ってくださった5名の報告者と、活発な討論を繰り広げてくださった報告者とフロアの参加者に深謝を申し上げる。

おわりに

　大学によって職員の採用・研修の方針は異なるであろうが、概して日本の大学職員は教員ほどの専門性は問われず、一括採用され、ジョブローテーションにより育成されてきた。エンプロイアビリティ、すなわち雇用され得る能力とは、ストレス耐性があり、他者と円滑にコミュニケーションがとれ、文書を迅速かつ的確に作成できる能力を基本的に含むであろう。このことは、大学という高等教育機関に限られたことではない。学習したことを実践と結びつけ、内省する人が、有能な管理職となる（中原・金井　2009）のであれば、大学はマネジメントする人材の能力開発と確保にあたり、どういうエートスを醸成していくべきなのであろうか。

　イギリスでは、日本より人事の採用・研修担当者等の専門職化が進んでいるようである。能力向上という成長願望をもつ個人、それにこたえる大学院教育、それを評価する職場（大学）が既にそろっているのだろうか。

　まずは、次章よりイギリスの大学の教員と職員について見ていこう。

註

1　本ラウンドテーブル後、育英短期大学の岩田恭氏は株式会社岩田教育・経営研究所を起業している。九州大学の田中岳氏、愛媛大学の秦敬治氏、大学コンソーシアム京都の深野政之氏の 2015 年 4 月時点でのご所属は、それぞれ東京工業大学、追手門学院大学、大阪府立大学となっている。

2　職員の高学歴化とは、現在では大学卒業程度の職員を採用する割合の高い大学が多く、中には修士課程修了者を定期的に採用する大学が増えていることであり、ラウンドテーブルの報告として職員の高学歴化を提案・推奨する意図はない。

参考文献

伊藤彰浩、2010 年、「高等教育研究としての SD 論－特集の趣旨をめぐって－」『高等教育研究　第 13 集』玉川大学出版部、101-112。
加藤毅、2010 年、「大学職員のプロフェッショナル化に向けて」『IDE 現代の高等教育』523：4-10。
中原淳一・金井壽宏、2009 年、『リフレクティブ・マネジャー－一流はつねに内省する』光文社新書。
文部科学省中央教育審議会、2008 年、「学士課程教育の構築に向けて（答申）」文部科学省。

第2章
イギリスの大学における教職員

はじめに
1．かつての大学職員
2．公的機関の統計に見るイギリスの大学職員
3．教職員に必要とされる能力・資格
4．大学の組織構造と教職員のキャリア
5．これからの大学職員
おわりに
註
参考文献

はじめに

イギリスにおける大学の職員の淵源ははっきりしない。イギリスで古くからある大学職員の学術的な団体（Association of University Administrators, 以下 AUAと略記）の会長を務めた Andrew（2014）によると、大学のアドミニストレーターの出現は、大学が誕生した11世紀に遡ることができるのではないかという[1]。もっとも大学のアドミニストレーターとは何かを定義付けする必要があり、それが本章の目的の1つでもある。

先行研究によると、イギリスの大学における事務系職員は、元は大学卒業者ではなく、秘書として必要な教育を受けた人が配置されたが、長期にわたり大学に勤務することにより、専門知識を備え、社会人に開かれた教育機関において教育を受けること等を通じて、独立した判断業務が可能な"administrator"レベルに昇格する場合が多く見られるとされている（隅田 2004）。もともとイギリスではオックスブリッジに見られる学寮（コレッジ）制度を典型的な例として伝統的に教員・研究者が大学の運営にかかわる役職を務めてきたが、19世紀に誕生したロンドン大学等の大規模大学から学務・財務・施設といった管理系の部局が広く設置されていった（隅田 2014）。教員の支援的役割に徹していたというイギリスの大学職員の従来の在り方は、日本における多くの大学職員の在り方に通じるところがある（大場 2004）。

本章では、政府の関連機関の統計や文献研究、高等教育関係者へのインタビュー調査を通して、大学職員の担う役割、異動・昇進の仕組みを検討し、現在のイギリスの大学職員像を明らかにする。

1. かつての大学職員

イギリスの最初の大学管理運営職としては、総長・学長の職権の標識を棒持する先導官（beadle）が挙げられよう（Stubbings 1991）。"beadle"はオックスフォード大学では"bedel"、ケンブリッジ大学やロンドン大学では"bedell"と綴られる（リーダーズ英和辞典 2012）。1250年頃の往古のオフィサーとされ

るが、もともとは大学の構成員ではなく、後に大学の後援者となる名士や資産家であった（Stubbings 1991）。

　Cobban（1999）によると、中世の頃の大学の管理運営における最上位の組織は学長室（office of chancellor）であった。1400年までオックスフォード大学とケンブリッジ大学の学長（chancellor）は学術的なギルドで選出された長として驚くべき力を持っていた。学内における人事、行政、司法に関わる権利のみならず町中の経済活動や環境整備、一般市民の日常生活に影響を及ぼす道徳の問題等まで統制していたのである。大執事あるいは助祭長に準じる役割をも担っていたようである。15世紀後半になると、学長は学生監・試験監督官である"proctor"らの支援がなくては機能を果たせなくなり、大学の事実上の長は"vice-chancellor"（以下、副学長と表記）となっていく。副学長は、パリ大学では教授団の代表であったのに対して、オックスフォード大学やケンブリッジ大学では全学の経営主体であった。学生監・試験監督官（proctor）は、"archivist（文書係）"の役割も果たし、許認可や財産の管理等を行った。中世のイギリスの大学では非教学のアドミニストレーターを財務管理のために雇用することは考えず、すべて教員たちで行っていた。しかし、1970年代には教員ではない職員、すなわち"professional administrator"たちが出現し始め、"registrar and secretary（事務局長）"はリーダーとしてより複雑な役割を果たすことが求められるようになる（Lockwood 1979）。

　現代イギリスの大学職員の包括的な団体として大きな規模を誇るのはAUAである。AUAは高等教育の管理運営、マネジメントに携わる専門職たちのための団体であり、会員数は2015年時点で4,500人強である（AUA 2015）。AUAの元の組織は1961年のMeeting of University Academic Administratorsであり、1993年にConference of University AdministratorsとAssociation of Polytechnic Administratorsが合併し誕生した。AUAの前身であるMeeting of University Academic Administratorsは、マンチェスター大学のレジストラー（事務局長）が中心となって設立した大学の管理運営に携わる職員の団体であり、爾来マンチェスター大学の中にAUAの事務局が置かれてきた[2]。

　次節では、イギリスの大学の構成員について見てみる。

2．公的機関の統計に見るイギリスの大学職員

　現在のイギリスには、イングランド地方に131、ウェールズ地方に11、スコットランド地方に19、北アイルラランド地方に4と、計165の高等教育機関が存在する（HESA 2012a）[3]。2011年度時点でイギリスの高等教育機関にフルタイムで雇用されている教職員数は25万1,320人、パートタイムは13万465人となっている。イギリスにおいて大学に雇用されている構成員は"staff"であり、この言葉には教員も職員も含まれる。日本では教員の能力開発をFD、職員の能力開発をSDとややもすれば区別して用いるが、イギリスにおけるSDは教員と職員の両方の能力開発を意味する。

　表2－1は、フルタイムで雇用されている大学の構成員を示したものである。国の労働統計調査等で用いられる職業分類であるStandard Occupational Classification（SOC）を参考に、教員(Academic professionals)やマネジャー(Managers)や非教学専門職（Non-academic professionals）等と13の区分に分けられている。ただし、あまり詳しい定義はなされていない。

　教学職（academic staff）すなわち教員が47％を占める。教学職とは、高等教育機関にて計画・実行・管理、教育研究を遂行する責務を担う教学の専門職であり、学長（chancellors）、副学長（vice-chancellors）、教育研究活動を担う医師、歯科医、獣医、その他の医療関係者が含まれる（HESA 2012b）。トップマネジメントを担うのは教員ということになる。一方、非教学職とは、マネジャー、非教学の専門職（non-academic professionals）、学生支援（student welfare workers）、秘書、清掃係（cleaners）等なのである（HESA 2012b）。この構成員の過半数を占める非教学職の内訳は、管理運営・専門・技術職（Manegerial, professional and technical staff）が約28％、事務職（Clerical staff）が約17％、現業職（Manual staff）が約8％となっている。しばしば耳にするPA(Personal Assistant)は事務職に含まれる。

　HEFCE（2012）の資料によると、2011年度のパートタイムを含む教職員数は全体では31万4,860人で、前年と比較すると、教員数は1,455人増

表2－1　イギリスの大学の教職員の構成　　　　（人）　（％）

			(人)	(%)
教学職	教員		118,120	47.0
非教学職	管理運営・専門・技術職	マネージャー	14,515	5.8
		非教学専門職	22,630	9.0
		研究所・エンジニアリング・建物・IT・医療などの技術者（看護師を含む）	22,095	8.8
		学生生活支援・キャリア支援・職業訓練インストラクター・人事・計画などの職員	6,640	2.6
		芸術・メディア・広報・マーケティング・スポーツ活動などの職員	4,595	1.8
		小計	70,475	28.0
	事務職	ライブラリー助手、事務員、一般的な管理運営補佐職	33,740	13.4
		秘書、タイピスト、受付係、電話係	9,320	3.7
		小計	43,060	17.1
	現業職	料理人、庭師、電気・建物・機械整備・印刷工	4,480	1.8
		管理人、宿泊施設管理者、スポーツ・レジャー係員、保育・介護の職員	2,785	1.1
		小売り・顧客サービスの職員	640	0.3
		運転手、保全監督者、施設操作員	1,200	0.5
		清掃係、配膳係、警備員、保安員、ポーター、保全員	10,560	4.2
		小計	19,665	7.9
		総計	251,320	100.0

＊　Higher Education Statistics Agency(HESA), 2012a ,"table 1-All staff by activity, contract, mode of employment and gender 2010/11" より作成。

加、職員数は5,510人減少し、全体として1％減少している[4]。そして、教職員の約55％が旧大学（"pre-1992"）、35％が新大学（"post-1992"）で働いている（HEFCE 2012）[5]。

3．教職員に必要とされる能力・資格

　続いて、HESAの統計区分に沿った分析を行っているLLUK（2010）の資料を見てみよう。大学教員にはPhDやMA、場合によってはMSc、あるいは他の上級レベルの資格に加えて、Higher Education Academyに認定された

教育資格が求められ、アドミッション、財務、人事などのマネジャーには第1学位、MBAもしくは関連する専門職業的資格が求められる[6]。非教学専門職には、Chartered Institute of Personnel and Development（CIPD）やConsultative Committee of Accountancy Bodies（CCAB）といった人事や会計の団体による専門職業的資格、あるいはMBA、図書館情報のディプロマやサーティフィケートなどが必要とされる。実験室・工学・建造物・IT・医療などの技術者（Laboratory, engineering, building, IT, and medical technicians）や学生生活支援職、キャリア・アドバイザー、職業訓練インストラクター、人事・計画オフィサー（Student welfare workers, careers advisors, vocational training instructors, personnel and planning officers）には、GCSEのAレベル、あるいは第1学位や団体による専門職業的資格が求められる。芸術、メディア、広報、マーケティング、スポーツ活動などの職員には、CIMやグラフィック・デザインのHNDが求められる[7]。

4．大学の組織構造と教職員のキャリア

図2-1　イギリスの大学の教職員のキャリア形成

現代のイギリスの教職員のキャリアの階梯を簡単に示したものが図２－１である。旧大学と新大学とではガバナンスの仕組みが異なるとはいえ、教育研究戦略の策定や実施は基本的に教学側に決定権がある。

　まず教学側を見てみると、イギリスの大学におけるチャンセラー（Chancellor、本文中では「学長」と訳している）は名誉職であり、バイス・チャンセラー（Vice-Chancellor、本文中では「副学長」と訳している）が事実上の学長の役割を果たし、大学の中での最上級職である。管理運営の中枢を担う副学長、副学長補佐（Pro-Vice-Chancellor）らは教授出身者であることが多い。

　一般的に教員は大学院の博士課程修了後に jobs.ac.uk というサイトを見て職を探す[8]。アカデミック・スタッフである新任教員、すなわち講師（lecturer）になると、３〜５年間の見習い期間の間に「高等教育資格課程（Postgraduate Certificate in Higher Education、以下 PGCHE と略記）」という大学教育の資格証明を取得しなければならない。その後、退職までずっといられる、すなわちテニュア（終身在職権）のあるレクチャラーとなる。現在のオックスフォード大学にはリーダー（reader）のポジションがなく、デパートメント（department）の長を head、ビジネス・スクール、ロースクール等のプロフェッショナル・スクールの長を dean と称し、head of division が副学長相当となっている[9]。また、教授と名乗ってよい "titled professor" という講師の身分がある。オックスフォード大学と同じラッセルグループでも、ウォーリック大学のように講師（lecturer）の後に助教授（assistant professor）、続いて准教授（associate professor）と教員の呼称やテニュア審査においてアメリカ的な仕組みを導入している大学もある。

　新たにリーダーや教授（professor）レベルの人を採用するとなると、外部のコンサルティングの会社を利用する大学もある。Head of department は、同僚教員に尋ねるといったインフォーマルなメールのやりとりで決まる場合もある。学部長（dean）等の上位の階層は基本的に公募である。副学長が別の大学の副学長になるといった上級レベルの管理運営職のキャリア・パスも形成されつつある。イギリスで有名なコンサルティング会社にハーベイナッシュ（harveynash）があるが、必ずしも専門家がいるとは限らず、知り合いの

教員に電子メールを送り情報収集しているようである[10]。イギリスでは大学間を横断的に異動する教職員が比較的多い。LinkedIn という SNS がイギリスで発達し、利用している大学関係者が多いのは、同一地域内で大学間を異動する教職員のネットワークづくりの一役を担っているからであろう。

　近年では、教学側で図2－1以外の別の経路を辿る教員が現れているという指摘がある（Strike 2012）。つまり図中の講師となり教育力を示すPGCHEといった資格を取得し、教育、研究、管理運営の3つの職責を果たしながら教授へという梯子を登る伝統的な教員像の他に、研究員（Research Fellow）から主席研究員（Principal Researcher）となり、研究部長（Director of Research）へ、あるいはチューター（Tutor）から教育部長（Director of Education）へとなる道である。専任教員になるのが難しいため、中には教学側のキャリアから非教学側の仕事へとキャリア・チェンジする人も少なくない。

　一方、非教学側のトップは伝統的にレジストラーであり、日本の大学の事務局長に相当する。非教学職は、大学卒業後にはじめは"support staff"として雇用され、"senior support staff"、"more senior"、"very senior"と階梯を昇る [Goss 2012][11]。日本のように学内をローテーションで水平に異動するというより、アメリカと同様に専門性をもって垂直に異動し、キャリア・アップしていく。通常の職員の大半はパーマネントに雇用されているが、予算が削減されると、仕事がなくなってしまう。しかし、例えば科学のデパートメントで予算が削減され、学内の別の部署の類似のポストに異動する例のように、空席ができると、学内で同じグレードの仕事に就く場合もあり得る [Mercer 2014][12]。新しいポジションなどは求人広告を出す場合が多く、職員は教員より専門性において融通がきくので異動しやすいとも言える。図2－1には記載していないが、PA（personal assistantの略）と呼ばれる秘書的業務を行う人が、様々な部署に配置されている。

　また、アメリカでは大学の管理運営に携わる人の職階を、初級（entry-level）、中級（mid-level）、上級（senior-level）と表現するが、イギリスでは下位（junior）と上位（senior）という言葉が用いられる。さらに第2節で記したHESAの統計区分におけるマネジャーは非教学スタッフの専門職であるが、Locke

[2013] や Whitchurch［2012］らによると、"アカデミック・マネジャー（academic manager）" と言う場合は一般的に教学側の部門長を意味するという[13]。イギリスには大学の経営者たちを代表し、ステイクホルダーと交渉し、高等教育機関の利益を促進させることを目的とする大学経営者協会（Universities and Colleges Employers Association）があり、雇用条件や給与・年金についてのロビー活動、セミナーやワークショップの開催による職能開発を実施している（UCEA 2013）。当協会の資料においても、"academic manager" は教学側の "Head of Department" であり、"Senior Academic Manager" は "Dean" と捉えられている。アメリカの大学におけるアカデミック・アドミニストレーターとほぼ同義と思われる。

5．これからの大学職員

イギリスの大学は歴史を通じて政治と深い関わりをもってきた。中世においてすら、政界で重要人物となった多くの人々は大学で教育を受けており、教会および政界の既成秩序と大学の一体化に、とりわけオックスフォードやケンブリッジの町民たちが敵愾心を抱いたが、現代にいたるまで大学の政治的影響力が減少することは考えられないという（Green 1969＝安原、成定訳 1994）。Green（1969）は大学を国家の精神的・知的健全さに不可欠なものであり、大学と国家はお互いを必要としていると考えている。大学は、将来の学者のみならず、国家の官僚や外交官、医者や教師や法律家、技術者や科学者、経営者も養成している。その見返りに、国家は大学の財源がその任務を果たすのに充分なものであるよう務めることを期待されている。19世紀には指導的な政治家たちの中には大学教員の経験者もいた。

しかし、1985年のジャラット報告（Jarratt Report）では、副学長（Vice-Chancellor）は最高経営責任者と位置づけられるようになり、さらに十数年前にロンドン市長官邸で政財界の人々が集まったスピーチで、ゴードン・ブラウン氏（元首相、当時は財務府長官）がイギリスの大学のリーダーシップを批判したという[14]。この頃より、民間企業でできることは政府ではなく民間で

行うというニューパブリック・マネジメントの流れがイギリスの諸施策を席巻していくわけであるが、むろん大学も例外ではなかった。限られた予算で戦略的かつ効率的な大学経営を行うために、大学のリーダーたちの能力開発が求められたのである。そうして創設されたのが高等教育リーダーシップ財団であろう。ほぼ同時期にロンドン大学内に高等教育のマネジメントを専門・専攻とする新たな大学院課程も開設されている。

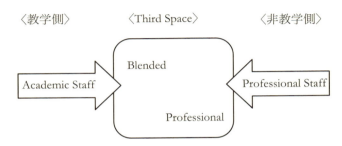

図2-2　融合した新たな専門職が活躍する場

　かつて日本では孫福弘氏（1997年に設立された大学行政管理学会の初代会長、故人）が従来の教員でも職員でもない第3の専門職、「大学専門職」がこれからの日本の大学には必要であると提唱した。同様に、イギリスにおいては教員でも職員でもない専門的職員、融合した専門職"blended professional"たちが活躍の場を広げているという（Whitchurch 2009, Whitchurch and Gordon 2011）。図2-2はWhitchurchのいう第3の場"Third Space"を簡単に示したものである。

　この第3の場（third space）は、教員（教学側出身者）と職員（非教学側出身者）が個別大学内におけるプロジェクトで協力し合う形態が多く、確かに存在するが、全英レベルで見るとまだマジョリティではないようである。そのモデルの1つとして、大学へのアクセス拡張（widening participation）の支援業務が挙げられる。低所得者層の学生を大学に入学させ、学修を手助けするといった、学生と教員の間の連絡・調整の役割を担う人々が教員でもなく、従来の職員でもない新しい専門職なのである。また外部資金による研究プロジェクトでは、研究を遂行すると同時に、教育活動を行う研究員や、研究を

マネジメントする職員が同じチームで連携するという[15]。いわゆる教員として必要な資質・能力と職員として必要な資質・能力の両方を備えている人々が、新しい大学専門職なのであろう。

非教学側の職員であっても、上位の職階になれば教学職とともに仕事をすることになるので、とりわけオックスフォード大学のような伝統校では上位の職階の職員には教員の仕事への理解とともに上級レベルの学位が求められる。オックスフォード大学副学長補佐（Pro-vice Chancellor）の Dr. Goss の部下にあたる Head of Educational Development の Dr. Quinlan, Kathleen はスタンフォード大学大学院で教育学を専攻し Ph.D. を取得しており、学内の教職員の能力開発の職務に携わるとともに、教育学科の Research Fellow も務める。バース大学の Head of Staff Development の Dr. Inger, Simon の前職は科学者であった[16]。ロンドン大学の Head of IOE staff and Organizational Development の Ms. MacDonald, Jacqui は MSc を有する[17]。こうした人事関連の職務担当者らは、第3節で述べた CIPD という人事専門の職能団体に所属する者が多い。

さらに学生支援あるいは教学支援を担当するリージェンツ大学の Mr. Hipkin, Brian（AMMOSSH の会長である）やオックスフォード・ブルックス大学の Mr. Andrews, Matthew のように中級レベル以上の職員が修士号を有するのはさほど珍しいことではない[18]。Dr. Inger のように博士号を持ち、大学教員になることをやめ、職員として生きることにした一定層は、こうした研修担当に限らず、研究担当、その他の領域でも活躍している［大森 2012］[19]。

一部の大学では事務局長、人事や研究支援担当の職員には博士号保持者が現れ始めており、"T-shaped Profession"（Enders and de Weert 2009）とも称されている。換言すれば、ある特定領域の深い専門的知識や見識（すなわちTの文字の縦線）に加えて、隣接する領域やより広い領域の専門的知識や理解（すなわちTの文字の横線）を持ち合わせる専門職集団である。

しかし、イギリスの非教学側の職員はアメリカの大学ほど多くが修士号や博士号を有するまでに至ってはいない（Whitchurch 2009）。修士号を持つ職員は増加しつつあるが、アカデミックな仕事にコミットしない限り高い学位は未だ不要なのである。

大学の職員は日本では隠れた人気職ともいえるが、イギリスにおいても魅力的な職の一つである。しかし、最近は職員の数が増えず、仕事は増えている。政府が大学へ新しく課すことが多いからである。例えば、移民法を変えたため、学生ビザに関して新しい責務が生じている。証明書の発行において新しいプロセスが必要となり、入学後の留学生の出席状況などを監視しなければならない。仕事量は増えても、資金がこない。現行のスタッフで増える新たな仕事に対応せざるを得ないため、スタッフはストレスやプレッシャーを感じている。同時に、2004年の高等教育法にもとづきフェア・アクセス庁（Office for Fair Access、以下 OFFA）や Office of the Independent Adjudicator (以下 OIA) といった政府主導の学生を支援する関連組織も設置されてはいるが、個別大学において学生からの期待に教職員が応える必要性は増していることに変わりはない。2012年に授業料が改定され、大学入学者数がいくらか減少したものの、学生数は増加傾向にあり、学生からの要求や期待は今後ますます膨らむと思われる。

おわりに

中世の頃より伝統的に大学教員が管理運営に関することも担っていたイギリスの大学においては、当初、職員は日常的な業務、すなわちルーティンワークを担う者として出現したようである。専門職化が加速し始めるのは、大学が明確な戦略を掲げ、責任の所在を明らかにした管理運営体制の構築が求められるようになる1970年代後半以降のことである。大学におけるトップマネジメントの強化とそれを支える管理運営の専門的な職員というこの構図は1990年代以降の日本に似ている。

現在では、事務局長や課長の職階の職員で博士号や修士号をもつ人々は、おそらく日本より増えているだろう。AUA をはじめ、人事、会計、学生支援等の大学関連団体や専門職業的団体を活用し、職能を証明するようなサーティフィケート（修了書）を得ている職員も多い。とりわけ旧大学における非教学側のマネジャー職以上の人々で修士号以上を持っている人は珍しくな

第2章　イギリスの大学における教職員　45

いようである。とはいえ、大学職員にフォーマルな教育、大学院教育が必要であるとは未だ広く認識されているわけでもない。

　イギリス政府の統計上は、専門職といった区分はあるものの、大学経営のプロフェッショナル、すなわち"university professional"の厳密な定義は存在しない。第3の場で活躍する新たな専門職もいるが、有期雇用であることも多く、マジョリティになり得ていないのである。つまり、献身的に働く"professional"な職員はいるが、アメリカの大学ほど充分に職員の専門職化、すなわち管理運営の"Professional"化が進んでいるとはいえない[20]。

註

1　Mr. Andrews, Matthew に 2014 年 6 月 21 日に電子メールにてインタビュー。Mr.Andrews はポリテクニックから大学に昇格し躍進が目覚ましいオックスフォード・ブルックス大学のアカデミック・レジストラーである。もともと筆者は 2013 年 10 月 30 日と 2014 年 9 月 8 日にオックスフォード・ブルックス大学にて Mr.Andrews と面談している。Mr. Andrews はオックスフォード大学大学院で歴史学を専攻し DPhil candidate、すなわち博士論文提出の資格を得た学生でもある。2016 年 4 月からはグロスターシア大学の "University Secretary and Registrar" という非教学部門のトップを担う。

2　AUA の事務局がマンチェスター大学内に置かれているとはいえ、AUA はマンチェスター大学とは全く別の組織体であり、AUA は場所を借りているだけである。事務局スタッフも AUA が雇い、配置している。

3　バッキンガム大学は公的資金が投入されていないが HESA へ自主的にデータを提供している。

4　HEFCE（2012）の報告数が HESA（2012a, 2012b）の統計と異なるのはウェールズ地方のデータの取り扱いの違いによる。

5　旧大学、すなわち "pre-1992" は、オックスフォード大学やシェフィールド大学、マンチェスター大学、ヨーク大学等の 1992 年以前からの伝統的な大学である。新大学、すなわち "post-1992" は、ナピア大学、デ・モントフォート大学、オックスフォード・ブルックス大学等の 1992 年以降に大学に昇格した大学である。

6　第 1 学位（first degree）とは、大学卒業時に得られる最初の学位である。

7　GCSE とは General Certificate of Secondary Education の略、中等教育一般証明試験。CIM とは CompuServe Information Manager（CompuServe の提供する電子メール等のサービスを扱うシステムのマネジャー）の略。HND は Higher National Diploma（高等一級技術検定）の略。

8　日本の科学技術振興機構による JREC-IN に近い。

9　オックスフォード大学の Pro-Vice-Chancellor の Dr. Goss, Stephen と同大学の Head of Educational Development の Dr. Quinlan, Kathleen にオックスフォードで 2012 年 10

月 18 日にインタビュー。同日にインタビューしたオックスフォード大学 Department of Education の Lecturer in Higher Education のドイツ出身の Dr. Ertl, Hubert は "titled professor" のことをやや不思議かつ面白いと語っていた。オックスフォード大学に限らず、一般的にデパートメントの長は head と呼ばれる。

10　ウォーリック大学の Course Leader MA Educational Leadership (Teach First) の Dr. Mercer, Justine にコヴェントリーにて 2014 年 9 月 10 日にインタビュー。オーストラリアで有名なコンサルティングの会社はユーニーとのことである。

11　オックスフォード大学の Pro-Vice-Chancellor の Dr. Goss, Stephen の説明による。

12　ウォーリック大学の Course Leader MA Educational Leadership (Teach First) の Dr. Mercer, Justine の説明による。

13　ロンドン大学 Institute of Education の Reader in Higher Education Studies の Prof. Locke, William と Lecturer in Higher Education Studies の Dr. Whitchurch, Celia に、ロンドンにてそれぞれ 2013 年 10 月 31 日と 2012 年 10 月 17 日にインタビュー。

14　高等教育リーダーシップ財団 (Leadership Foundation for Higher Education) の Director of International Projects の Mr. Lock, David J. に、2013 年 10 月 31 日にロンドンにてインタビュー。

15　IOE (2011) によると、IOE では 2011 年度に 8 つの研究プロジェクトが動いており、Research, Consultancy and Knowledge Transfer という専門の部署が窓口となっている。

16　2012 年 10 月 19 日にバースにてインタビュー。

17　Ms. MacDonald は Department of Human Resources の所属。2012 年 10 月 14 日に電子メールにて。

18　Regent's University の Dean of Students である Mr. Hipkin, Brian に 2014 年 9 月 10 日にロンドンにてインタビュー。Mr. Brian は AMOSSHE という学生支援担当者たちが集う学会の Vice Chair でもある。もともとは科学者であったが、学生支援の担当者となってからは学生と教員の架け橋となるようにしているとのこと。イギリスでは学生ビザの発給取得関係と学資援助の分野で専門職化が進んでいるという。

19　首都大学東京 (2016 年 4 月より東北大学) の大森不二雄教授はロンドン大学で Ph.D. を取得しており、イギリスの教育に関して造詣が深い。2012 年 11 月 6 日に電子メールにて。

20　ケント大学 Centre for the Study of Higher Education 所属で、Programme Director, MA in Higher Education and Academic Practice の Dr. Williams, Joanna が、同じ綴りの単語でも最初を小文字と大文字にするのとでは意味が異なるとした。"Professional" とは専門職として遇されること。(2013 年 11 月 1 日にカンタベリーにてインタビュー。)

参考文献

Cobban, Alan, 1999, *English university life in the Middle Ages*, Ohio State University Press.

Enders, Jurgen and de Weert, Egbert, 2009, "Towards a T-shaped Profession: Academic Work Career in the Knowledge Society, edited by Enders, Jurgen and de Weert, Egbert, *The Changing Face of Academic Life: Analytical and Comparative Perspectives*, Basingstoke: Palgrave Macmillan: 251-272.

Green,Vivian H. H., 1969, 1949、= 安原義仁・成定薫訳『イギリスの大学』法政大学出版局。
HEFCE, 2012, "Staff employed at HEFCE-funded HEIs Trends and Profiles 1995-96 to 2010-11," Higher Education Funding Council for England.
HESA, 2012a,"Staff Introduction 2010/11," Higher Education Statistics Agency (http://www.hesa.ac.uk 2012 年 7 月 15 日参照)。
HESA, 2012b,"Staff Definitions 2010/11," Higher Education Statistics Agency (http://www.hesa.ac.uk 2012 年 7 月 15 日参照)。
IOE, 2011, *Research at the Institute of Education* 2011, University of London.
LLUK, 2010, *Occupational map for the Higher Education sector: Final Report*, Lifelong Learning UK. (http://dera.ioe.ac.uk/1037/2012 年 8 月 22 日参照)。
Lockwood, Geoffrey, 1979, "The Role of the Registrar in Toda's University," *Higher Education* 8: 299-320.
Strike, Tony, 2012, "Evolving Academic Career Pathways in England,"Gordon,George and Whitchurch, Celia eds., *Academic and Professional Identities in Higher Education,* Routledge
Stubbings, Frank, 1991, Bedders, Bulldogs & Bedells: *A Cambridge Glossary*, Cambridge University Press.
UCEA, 2013, "UCEA Services" Universities and Colleges Employers Association. (http://www.ucea.ac.uk 2013 年 11 月 4 日参照)。
Whitchurch, Celia, 2009, "The rise of the blended professional in higher education: a comparison between the United Kingdom, Australia, and the United States," *Higher Education* 58: 407-418.
Whitchurch, Celia and Gordon, George, 2011, "Some Implications of a Diversifying Workforce for Governance and Management," *Tertiary Education and Management* 17（1）: 65-77.
大場淳、2004、「II 英国編　第 2 章　英国における職員開発活動の発達と展開」、大場淳編『諸外国の大学職員≪米国・英国編≫』高等教育研究叢書 79、広島大学高等教育研究開発センター：87-113。
隅田英子、2004、「II 英国編　第 1 章　英国の大学職員～ Staff Development という視点からの一考察～」、大場淳編『諸外国の大学職員≪米国・英国編≫』高等教育研究叢書 79、広島大学高等教育研究開発センター：71-86。
隅田英子、2014、「英国の大学における大学職員の動向～グローバル競争激化時代の中での変容に関する一考察～」『大学職員論叢第 2 号』大学基準協会：13-24。
高橋作太郎・笠原守・東信行編、2012、『リーダーズ英和辞典　第 3 版』研究社。

第3章
イギリスの大学院における「高等教育プログラム」

はじめに
1．イギリスの大学院課程
2．アメリカより把握しにくいイギリスの「高等教育プログラム」
3．イギリスの大学院課程における高等教育の専門・専攻名と学位
4．高等教育の専門・専攻の提供母体と教員
おわりに
註
参考文献

はじめに

　第2章では、イギリスの大学における管理運営の専門職についてみてきた。第3章では、イギリスでそうした大学経営のプロフェッショナルを養成する高等教育を専門・専攻とする大学院の修士課程と博士課程を「高等教育プログラム」と総称し、取り上げる。現代イギリスにおける大学院全般の概要については、*Postgraduate Education in the United Kingdom* (Higher Education Policy Institute and The British Library 2010) に詳しいが、高等教育論といった細分化した領域についての動向や状況を知るのは難しい。

　そもそもこれまでイギリスにおける大学院制度の全般的な傾向を語ることは容易ではなかったようである（沖　2004）。小さな大学、学寮生活、親密な師弟関係を伝統的な特色としてきたイギリスの大学における大学院課程（"postgraduate study"もしくは"postgraduate course"）は、アメリカとは対照的に大学院課程の計画的なカリキュラムやコースワークをもたなかった。博士号はアメリカに40～50年ほど遅れて導入されている。少数の選び抜かれた学生は、指導者と密接な関係をもって研究に没頭することができる研究生のような存在であったという（Clark 2002＝有本訳）。しかし、2008年には職能資格との連携を視野にいれた「高等教育資格枠組み」が導入され、5つのアカデミックな資格、すなわち学位と、そうした資格取得に要する最低単位数が設定され、レベル別に整理されている（村田 2010, 小山 2009, QAA 2008）。

　本章では、イギリスに高等教育を専門・専攻とする大学院課程がどの程度存在し、いかなる学位が、どのような教育組織を母体として授与されているのかを検討する。

1．イギリスの大学院課程

　現在のイギリスにおける大学院課程は、QAA (2008:14) の"Table 1: Credit values typically associated with the design of programmes leading to main HE qualifications in England"を基に作成した**表3－1**に示すように、レベル7と

レベル8に該当する。したがって、レベル7とレベル8で修士号と博士号を授与する「高等教育プログラム」を分析の対象としてあぶり出し、イギリスに高等教育を専門・専攻とする大学院課程がどの程度存在するのかを次節より確認・整理し、分析していく。

表3－1　高等教育の学位／資格・レベル・単位

学位／資格			レベル	必要単位数
大学院	博士	Research	8	—
		Professional		540
	修士	Research	7	—
		Taught		360
		Taught		180
		Diploma		120
		Certificate		60
学部	学士	Honours	6	360
				300
		Diploma		80
		Certificate		40

QAA, 2008, *Higher education credit framework for England: guidance on academic arrangements in higher education in England.* を基に作成。

2．アメリカより把握しにくいイギリスの「高等教育プログラム」

　イギリスで高等教育を専攻・専門とする大学院課程を開設する大学は果たしてどのくらいあるのだろうか。2012～2014年にかけてイギリスで高等教育を専門とする研究者・教員らに高等教育プログラムの数を尋ねたが、名前が挙がるのは著名な大学院課程のみで、正確な数はよく分からないとのことであった。

　HESA (2012) によると、イギリスの高等教育機関数は165、その内訳はイングランドに131、ウェールズに11、スコットランドに19、北アイルラン

ドに4となっている。その中で高等教育を専門・専攻とする学位を提供するプログラムはいくつあるのかを把握するための基本データを収集するために、2012年5月にイギリス政府の国際文化交流機関であるブリティッシュ・カウンシル（British Council on Education）を訪れた。1990年初頭はイギリスの大学案内一覧や要項が縦覧に供されていたが、関係者によると現在では日英交流促進のための英語教室が拡充され、大学の情報についてはブリティッシュ・カウンシルのウェブサイト上の UK's official Graduate Careers を見ることを勧められた[1]。

そこで、2012年5月から7月にかけて個別の学位別、専門・専攻別に Prospects.ac.uk で検索をかけることにした。博士課程については、①キーワードを higher education management、②フルタイムとパートタイム、③学位の種類は研究学位、かつ具体的に④経営学博士号（Doctor of Business Administration, 以下 DBA と表記）を授与で検索すると32件、①から③を同条件にし、④の授与学位を教育学博士号（Doctor of Education, 以下 EdD と表記）にして検索すると47件、同様に④を哲学博士号（Doctor of Philosophy, 以下 PhD と表記）授与で検索すると604件がヒットした[2]。修士課程については、⑤キーワードを higher education management、⑥フルタイムとパートタイム、⑦学位の種類は教育学位、⑧学問分野を teacher training and education、かつ⑨具体的に経営学修士号（Master of Business Administration, 以下 MBA と表記）を授与で検索すると4件、⑤から⑧を同条件で⑨を教育学修士号（Master of Education, 以下 MEd と表記）で検索すると75件、⑤から⑧を同条件で⑨を文学修士号（Master of Arts, 以下 MA と表記）で検索すると11件、⑤から⑧を同条件で⑨を理学修士号（Master of Science, 以下 MSc と表記）で検索すると6件、⑤と⑥と⑧を同条件で⑦を研究学位にし⑨を MEd で検索すると5件がヒットした。個別大学の簡単な説明を読み、2012年度はイギリスにおいて大学職員の養成を行う高等教育（higher education）を専門とする大学院課程を開設している大学は約87にのぼると推測した。

しかし、Prospects.ac.uk はイギリスの大学・大学院への留学希望者向けの広報的な検索エンジンであり、イギリスではロンドン大学の Institute of Education

第3章　イギリスの大学院における「高等教育プログラム」　53

が一般的に IOE と呼ばれること等を知ることはできたが、結局のところ高等教育プログラムの数を把握することは困難であった。

　続いて、タイムズ社の *Good University Guide 2013* (O'Leary 2012) に掲載されている 152 大学すべてのウェブサイトを見ることにした。イギリスには Society for Research into Higher Education (SRHE) という高等教育学会があるが、アメリカの高等教育学会 (Association for the Study of Higher Education) のように高等教育プログラムをもつ会員校のリストを作成しているわけではない。多数の番付表（league table）はあるが（Guardian 2012）、アメリカの USA News & World Report 社やピーターソンズ・ガイドが毎年発行するような高等教育の専門・専攻に特化したランキング本や情報本は見当たらない。

　その後、さらに Postgraduate Certificate in Higher Education （PGCHE） と呼ばれる「高等教育資格課程」（加藤 2008）、すなわち主に新任教員対象の教育能力証明証を授与するサーティフィケート課程を除き、大学における管理運営のプロフェッショナルを養成していると思われる大学院課程の抽出作業を進めた。加えて、イギリス政府が学位授与大学と認めている 155 大学の個々のウェブサイト（GOV.UK 2014）も閲覧した。*Good University Guide 2013* と重複しなかったのは 16 大学で、結果としてイギリスの 171 大学を対象に高等教育を専門・専攻とする大学院課程を探索したことになる。

　その過程で留意したことは次の3点である。1つ目はアメリカの「高等教育プログラム」は、前述の USA News & World Report 社の *Best Graduate School* では "Higher Education Administration"、ピーターソンズ・ガイドでは "Higher Education" という名称で浸透しているが、イギリスにはレベル5の高等教育の基礎資格、Diplomas of Higher Education（DipHE）を与える教育プログラムが存在する点である。2つ目は、生涯学習の部局が "Department of Continuing and Adult Education" と称され独立し、レベル6のリベラルアーツ系の学位やレベル5の Diplomas of Higher Education といった高等教育の基礎資格を与えている点である（鈴木 2014、QAA 2008）。さらに3つ目は、教育のリーダーシップを専門・専攻名にしていても、高等教育ではなく初中等教育機関におけるリーダー養成の場合である。これらを一つ一つ省き、最終的には「高等教育

プログラム」を提供している大学を22大学と数えた。

3．イギリスの大学院課程における高等教育の専門・専攻名と学位

　イギリスでは「高等教育プログラム」は"Higher Education Management"、"Higher Education Administration"、"Higher Education"という専門・専攻名が使われているようである。授与学位は**表3－2**の通りPhD, EdD, DBA, MPhil, MA, MSc, MEd, MBAとなっている。

　アメリカではPh.D, Ed.D, M.A., M.S., M.Edが主に授与されており、サーティフィケート・プログラムは、学位プログラムを補完するにすぎないが、イギリスでは大学院レベルのDiplomaもしくはCertificateプログラム修了後、積み上げる形で修士号への道が開かれている。例えば、ケント大学のようにPostgraduate Diplomaを取得後に60単位の論文のモジュールを履修し、論文

表3－2　「高等教育プログラム」の数と授与学位

学位	数
PhD	4
EdD	3
DBA	1
MPhil	2
MA	13
MS	5
MEd	2
MBA	1
計	31

を仕上げることによりMAを取得することができるようになっている。

　かつてイギリスの大学院課程では大別して教育学位"taught degree"と研究学位"research degree"が提供されてきた。授業中に与えられる課題を中心にこなし、必ずしも論文が課せられるとは限らない"taught degree"と、教員による個別指導を中心に特定の題目について論文を書き上げる"research degree"である。秦（2001）によると1980年代半ばに経済・社会学審議会（Economic and Social Research Council）が授業履修型の博士課程である"taught PhD program course"を導入しようとしたが、反対が多く中止になったという。

ところが、近年では"professional doctorates"なる大学と職場をつなぐDBA、工学博士号（Engineering doctorate, EngDと略記）、薬学博士号（Doctor of Pharmacy, DPharmと略記）、教育心理学博士号（Doctor of Educational Psychology, DEdPsyと略記）といった専門職博士号を授与するレベル8の大学院課程が普及および浸透してきている（Scott, Brown, Lunt and Thorne 2004）。イギリスでEdDを授与する最初の教育プログラムは1992年に始まり、2004年ころには約36の大学で開設されていた（Scott, Brown, Lunt and Thorne 2004）。

さらに、イギリス政府、HEFCE, British Councilの3者が開発を支援した"New Route PhD"なるものが出現している。"New Route PhD"とは、PhDに期待される高い学術的な基準で教育するだけでなく、汎用的かつ専門分野特有のスキルを与えることを目的としており、この教育プログラムの修了者は専門職の研究者（professional researcher）になれるのである。バークベック・カレッジ Birkbeck College、ロンドン大学 University of London、ブルネル大学 Brunel、ヘリオット・ワット大学 Heriot-Watt、ハル大学 Hull、リヴァプール大学 Liverpool、ジョンムーア大学 John Moores、ニューカースル大学 Newcastle、ポーツマス大学 Portsmouth等の各大学で展開されている（New Route PhD 2012; Brunel 2012）。今のところ高等教育を専門・専攻とするNew Route PhDの教育プログラムは見当たらない。ケント大学で高等教育の修士課程を担当する教員［Williams 2013］によると、New Route PhDの在籍学生は、実際には多様なオプション、すなわち異なるデパートメントからモジュールを選択し履修しており、修了するのが難しい上に、学生の多くが大学の新任教員に必要な高等教育資格課程（PGCHE）のモジュールの履修を希望するが、教育経験を持たないため完了することは極めて困難であるという[3]。つまり、New Route PhDはオーソドックスな大学教員・研究者を養成する従来のPhDとは異なる上に、大学経営の人材育成の手段としてみなされていないことになる。

4．高等教育の専門・専攻の提供母体と教員

続けて「高等教育プログラム」の提供組織を示したものが**表３－３**である。いわゆるビジネス・スクールで大学の職員を養成する大学もあるが、ほとんどはアメリカと同様に教育系の大学院がプログラムの提供母体となっている。

ただし、Prof. John Taylor（リヴァプール大学）や Prof. Jurgen Enders（バース大学、元サウサンプトン大学）をはじめ高等教育研究者として著名な教員がビジネス・スクールに所属していることもあり、個別の大学で高等教育を専門・専攻とする教員数は若干名から多くて十数名なのである。高等教育プログラムの教員と学内における組織としての位置づけや学生に関しては、第４章と５章でも扱う。

表３－３　「高等教育プログラム」の提供組織

	組織	数	
教育系	Faculty of Education	2	16 (約73%)
	Department of Education	2	
	Department of Educational Studies	1	
	Department of Education and Professional Studies	1	
	School of Education	3	
	Institute of Education	3	
	Education, Early Childhood and Youth	1	
	Educational Development Division	1	
	College of Higher Education	1	
	Centre for the Study of Higher Education	1	
経営系	School of Management	1	2 (約9%)
	School of Business and Economics	1	
その他	Faculty of Humanities and Social Sciences and Business School	1	4 (約18%)
	Department of Children, Young People and Families	1	
	Faculty of Health and Life Sciences	1	
	Faculty of Social Sciences and Humanities	1	
	計	22	22 (100%)

おわりに

　本章では、イギリスの大学院課程における高等教育プログラムの開設の状況をみてきた。イギリスの高等教育研究の関係者たちも高等教育を専門・専攻とする大学院の数は 12 〜 13 あるいは 15 〜 16 くらいと推測し、正確な数はわからないと答える等、存在の把握が難しい点ではアメリカと共通している。イギリスにおいて高等教育を専門・専攻として開設する大学は約 20 にのぼり、アメリカと同様に教育系の組織が大学院課程の提供母体となっていることが明らかになった。イギリスは日本より大学数が少ないのに、大学の幹部職員を養成する高等教育を専門・専攻とする大学院課程の数は日本より多いことになる。

　またイギリスにおいても高等教育を教える教員の数と所属組織は概して分散的である。授与される学位は、MA が最も多く、人文社会科学系の一般的な大学院同様に PhD や MS といった従来からあるアカデミックな学位を授与するプログラムが大半であった。一方で、日米では見られない DBA や MBA といったマネジメントの学位を授与する教育プログラムを展開する高等教育プログラムがあることも分かった。次章からは、博士課程と修士課程の個々の例について検討を加えていく。

註

1　2012 年 5 月 8 日に東京都飯田橋駅近くに位置するブリティッシュ・カウンシル (British Council) を訪問した。
2　イギリスでは administration より management が好んで使われるという先行研究があり、まずは management と用いたが、administration というキーワードも用いて検索した。
3　ケント大学の Programme Director, MA in Higher Education and Academic Practice の Dr. Joanna William へ 2013 年 11 月 1 日にカンタベリーにてインタビュー。

参考文献

Brunel, 2012, "New Route PhD,"Brunel University London. (http://www.brunel.ac.uk/research/research-degree-at-brunel/new-route-phd 2012 年 9 月 18 日参照)。
Clark, Burton R., 1995, *Place of Inquiry Research and Advanced Education in Modern Universities*, The

Regents of the University of California.（＝ 2002、有本章監訳、『大学院教育の国際比較』玉川大学出版部。）

Guardian, 2012, *University guide 2013*, Guardian.（http://www.guardian.co.uk/education/table/ 2012 年 7 月 15 日参照）。

GOV.UK, 2014, *Recognised UK degrees*, Department for Business, Innovation & Skills.（https://www.gov.uk/recognized-uk-degrees 2014 年 6 月 22 日参照）。

HESA, 2012 ,"Staff Introduction 2010/11", Higher Education Statistics Agency.（http://www.hesa.ac.uk 2012 年 7 月 15 日参照）。

Higher Education Policy Institute and The British Library, 2010, *Postgraduate Education in the United Kingdom*, Ginevra House.

New Route PhD, 2012, New Route PhD Home,（http://www.newroutephd.ac.uk 2012 年 5 月 11 日参照）。

O'Leary, John ed., 2012, *Times Good University Guide* 2013, Collins.

QAA,2008,*Higher education credit framework for England: guidance on academic arrangements in higher education in England*, Quality Assurance Agency for Higher Education.

Scott, David, Brown, Andrew, Lunt, Ingrid and Thorne, Lucy, 2004, *Professional Doctorates: Integrating Professional and Academic Knowledge*, Open University Press.

沖清豪、2004、「イギリスの大学院」江原武一・馬越徹編『大学院の改革』東信堂、201-222。

加藤かおり、2008、「英国高等教育資格課程（PGCHE）における大学教員の教育職能開発」『高等教育研究第 11 集』玉川大学出版部 145-163。

小山善彦、2009、『イギリスの資格研修制度－資格を通しての公共人材育成－』公人の友社。

鈴木尚子、2014、「第 7 章 第 1 節 英国における大学開放の展開と特徴－イングランドの事例をもとに－」出相泰裕編『大学開放論－センター・オブ・コミュニティ（COC）としての大学』大学教育出版：188-200。

秦由美子、2001、『変わりゆくイギリスの大学』学文社。

村田直樹、2010、「第 2 章 イギリスの大学・学位制度：イングランドを中心に」独立行政法人大学評価・学位授与機構編『学位と大学 大学評価・学位授与機構研究報告第 1 号』11-91。

第4章
大学経営人材を育成する修士課程

はじめに
1．世界でも珍しい高等教育の MBA を授与する修士課程
2．高等教育の MA を授与する修士課程
3．高等教育の MSc を授与する修士課程
おわりに
註
参考文献

はじめに

　日本の大学ではトップマネジメントを支える主要な人材として大学職員の能力開発が求められ、大学の幹部職員を育成する大学院課程も誕生し、大学院の修士課程修了後に大学に入職する人たちも漸増している。現職の大学職員で自ら大学院に進学した人には、現場で生じた疑問や課題を研究テーマとし、能力向上という個人としての成長願望が見られた（第1章　参照）。こういった人々の処遇も含め、日本における大学経営人材の専門職化や流動化には課題が残るものの、高等教育を専門とする大学院が新たに開設されて10年が過ぎた。

　イギリスでも大学の管理運営にたずさわる人々の育成を主目的の一つとして政府主導のリーダーシップ高等教育財団（Leadership Foundation for Higher Education）が2000年前半に立ち上がっているが、ほぼ同時期に大学の幹部職員を育成し経営学修士号（Master of Business Administration 以下MBAと表記）を授与する高等教育プログラムが開設され現在に至っている。日本では、このロンドン大学の大学経営人材を養成する修士課程についての事例報告がなされている（吉田　2014）。こうした修士課程を含め、前章では20ほどの修士課程の高等教育プログラムがあることを明らかにした。本章では、近年日本と同様に大学経営人材育成の必要性が高まりつつあるイギリスの大学院の修士課程における、教育内容や方法、教育組織と教員、実務家の養成と高等教育研究等について、職員についての教育／研究にたずさわってきた教員や修了生等関係者へのインタビューと文献研究を通して考察する。

1．世界でも珍しい高等教育のMBAを授与する修士課程

　ロンドン大学Institute of Education（以下、IOEと表記）のMBA in Higher Education Managementは2002年に誕生している。AUAのサーティフィケート・プログラム修了者に進学を推奨される修士課程の一つである（AUA 2012）。上級レベルのマネジャー養成を目的としており、中核となるコア・

モジュールは、戦略 strategy、教育と研究の管理 managing teaching and research、財政 finance の3つで構成されている。これらはどの大学においても仕事で必要となり、それぞれを切り離して考えるのではなく、総括的な展望を描けるようにするために、**表4－1**のような履修構造になっている。

大学院生たちは、1年目の "Introduction to the programme" という2日間にわたるセッションの後からは、基本的に1週間の集中講座の形式となっている各モジュールを履修していく。1年目は「高等教育における教育・研究のマネジメント The management of teaching and research in higher education」、「高等教育における財源のマネジメント（第1部）The management of financial resources in higher education (Part1)」と、3つの選択モジュール optional module を履修する。2年目は、「組織としての高等教育機関：戦略的マネジメント Higher education Institutions as organizations: their strategic management」、「高等教育における財源のマネジメント（第2部）The management of financial resources in higher education (Part 2)」と、3つの選択モジュールを履修する。レポートもしくは論文のどちらを選択するかで単位は異なり、合計210単位、もしくは240単位で修士課程を修了する。全人的なアプローチがとられ、所属大学以外の大学にて経営コンサルタントのプロジェクトに参加し、報告書もしくは修士論文を執筆する。修了生によると、4～5人で戦略案を練り、副学

表4－1 IOE MBA in Higher Education Management のプログラム構成

1年目	単位数
Introduction to the programme	0
The management of teaching and research in higher education	30
The management of financial resources in higher education (part1)	15
Optical module	15
Two optional modules	30
小計	90

2年目	単位数
Higher education Institutions as organizations:their strategic management	30
The management of financial resources in higher education (part2)	15
Optional module	15
Two optional modules	30
Project report or dissertation	30 or 60
小計	120 or 150

長 (Vice-Chancellor) をはじめとする経営幹部7～8人の前で提案をさせられこともあったという[1]。

選択モデュールは、「ガバナンス governance」、「人事管理 human resource management」、「国際化 internationalization」、「生涯学習 lifelong learning」、「マーケティング marketing」、「物的資源 physical resource」、「学生の体験 student experience」、「持続可能性 sustainability」、「サード・ストリーム third stream」が用意されている。

IOE自体は1902年に創立されているが、2002年の教育系の大学院におけるMBAを授与する修士課程の開設に尽力したのはキングストン大学の副学長やイングランドの財政審議会（Higher Education Funding Council for England, 以下HEFCEと表記）メンバー等経験者のProfessor/Sir Scott, Peterと、ウォーリック大学の事務局長（registrar）等経験者のProfessor Shattock, Michaelである。当プログラムには、ブライトン大学の副学長経験者で、オックスフォード大学グリーン・テンプルトン・カレッジ長の故Sir Watson, Davidもテニュアの教員として在職していた。現在のこの高等教育プログラムのリーダー（Leader）であるProf. Locke, Williamは、HEFCE、オープン・ユニバーシティ、Universities UK、サセックス大学University of Sussexに在職していたこともあり、豊富な管理運営経験を有する[2]。また講師であり大学職員論の研究で著名なDr. Withchruch, Celiaもキングス・カレッジ等でのマネジャーの経験がある。

上級レベルのマネジメント経験のある教員／研究者が多く、プロフェッショナルの養成を重視している修士課程であるだけに、入学志願者は基本的に職務経験がないと入学を許可されない。糟谷稔氏が入学した際は、学生25名のうち、20名がウォーリック大学のビジネススクールのディーンなどイギリスの大学における現職者たちで、残りの5名がイタリアのボローニャ大学やチェコのプラーク大学、フランスのコンサルタントの会社の現職者といった海外からの留学生であった[3]。国際的に評価の高い修士課程であるため、海外からの人々も集まるとも言えるが、イギリスの大学の経営人材の養成には国際化という視点も欠かせないのであろう。

第4章　大学経営人材を育成する修士課程　63

　この修士課程で受講生たちが獲得する力は、高等教育に関する知識のみならず、実践・環境を批判的に省察する力である (Carpentier 2011)。つまり、国内外における高等教育の政策や実践に必要な鋭い洞察力、理論と政策や実践との間をつなぐことが高等教育ではとりわけ重要と捉えられているのである。

2．高等教育の MA を授与する修士課程

　続いて、本節では MA の学位を授与するケント大学、ウォーリック大学の修士課程について検討する。
　ケント大学の M.A. in Higher Education は 2011 年に開設された。この修士課程は Postgraduate Diploma in Higher Education に相当するモジュール修了後に論文を書くことにより修士号を取得できる、イギリスならではの分かりやすい積み上げ式になっている。表４－２のようにコア・モジュールの 45 単位と選択モジュールから１つ（15 単位）を履修することにより、Postgraduate Diploma in Higher Education が修得でき、さらに論文のモジュールを履修し修士論文を書くことにより修士号を取得する。この積み上げ方式は次節のラフバラ大学の修士課程にも見られる。
　この修士課程は学内の Unit for the Enhancement of Learning and Teaching（以下、UELT と略称）という組織に所属する４人の専任教員により教えられている。UELT は、大学生・大学院生たちの学習支援を行う組織で、論文の書き方等の配布資料が豊富に用意され、窓口には PA が座っている。プログラム・ディレクターで Senior Lecturer in Higher Education and Academic Practice の Dr. Joanna Williams によると、UELT はいわゆる学部の所属ではないため、一般の教員と比較すると、入手できる学内の情報は限られ、「奇妙なポジション」なのである[4]。また Dr. Williams はケント大学の PGCHE も担当している。年間約 250 人が参加する PGCHE に対して、高等教育における現象を研究の対象とする MA への参加者は年間 8 人ほどである。受講生の中には、別の分野で PhD をもっている人やすでに大学で教えている人も含まれる。自分の専門の PhD プラス MA をもつ人が現れるのは、高等教育の雇用市場での競

争が激しいから資格をたくさん得ようとしている可能性が高い[5]。

表4-2 ケント大学 MA in Higher Education Management のプログラム構成

コア・モデュール	単位数
UN82 Educational Research Methods	15
UN824 Interrogation Educational Research	30
選択モデュール	単位数
UN812 Developing as a Researcher in Higher Education	15
UN813 Developing as a Research Degree Supervisor	
UN814 The Inclusive Curriculum	
UN815 Technology in the Academic Environment	
UN816 Learning and Teaching Innovation	
UN821 Assessment and Professional Development	
UN822 Individual Investigation in Higher Education	
UN823 Philosophical and Theoretical Issues in Higher Learning	
論文モデュール	単位数
UN899 Dissertation	60

　この修士課程では、「知識と理解」の領域では、関連のあるデータを探し当てて、評価することができる。実践で批判的に考察することができる。専門家とも非専門家とも、率先して研究を計画遂行し結果についてコミュニケーションを図ることができることを目指す。「特定分野のスキル」の領域では、次の5つを目指す。①高等教育における現在の政策課題と高等教育の文脈や実践への示唆を分析するスキルを獲得する。②高等教育の異なる概念や解釈を理解するスキルを獲得する。③実践に影響を与える幅広い原理、政策、過程を批判的に評価するスキルを獲得する。④高等教育の分野における専門領域を開発するスキルを獲得する。⑤研究プロジェクトを企画立案し実行するスキルを獲得する。「移行可能なスキル」の領域として、「自分の学習を組織化し管理するスキル」と「専門家と非専門家に研究を明瞭かつ首尾一貫して伝える能力」の獲得を目指す。

　続いて、ウォーリック大学の MA in Educational Leadership and Management について見てみる。ウォーリック大学のこの修士課程は、すべての教育機関

の上級・中級マネジャーを育成する。教育のリーダーとしての能力を開発あるいは改善するために、英国内外の状況・環境のニーズを考慮した受講生中心の教育プログラムを展開している。**表4-3**のように、研究と実践の多岐にわたる能力開発の方法を提供している。

表4-3　ウォーリック大学MA in Educational Leadership and Managementのプログラム構成

モジュール	単位数
Leading Educational Change and Improvement	30
Researching Educational Leadership and Manegement	30
Policy, Strategy and Resources	30
Mentoring and Coaching	30
Final Project/Dissertation	60
計	180

Leading Educational Change and Improvement は、リーダーシップと教育・学習成果の改善の関係を探究するコア・モジュールである。Researching Educational Leadership and Management は、教育のプロフェッショナルにとって管理運営上のアプローチに必要な知識・スキルを身に付けるモジュールである。受講生は、このモジュールもしくは、他の適切な研究方法のモジュールを履修しなければならない。Policy, Strategy and Resources のモジュール、Mentoring and Coaching、最後の Final Project/Dissertation は、各受講生が特に関心のあるリーダーシップの領域の研究プロジェクトに参加することになっている。

　コースリーダーの Dr. Mercer は Center for Education Studies の所属である[6]。センターには他に2人の教授、ティーチング・フェロー1人（研究する必要はない）、シニア・アドミニストレーターが1人、配置されている。シニア・アドミニストレーターは予算やスタッフの管理をしている[7]。23～24歳の学生が多く、およそ100人が在学している。この MA の高等教育プログラムは、学生中心で、様々な教育機関の中級以上のマネジャーの育成を目指しており、最近の修了生は上級レベルのマネジャー、地方当局のアドバイザー、

コンサルタント、上級レベルの国際的な教育者になっている。

3．高等教育の MSc を授与する修士課程

本節では MSc の学位を授与するオックスフォード大学、サウサンプトン大学、ラフバラ大学の高等教育を専門とする修士課程について検討する。

オックスフォード大学では、MSc in Higher Education というフルタイムの修士課程を、高等教育機関のチューター／講師、研究者、アドミニストレーター／マネジャーのために提供している。セミナーと講義およびコースプロジェクトが修士課程の基本的な構成要素である。Higher Education I: Policy discourse and historical perspectives, Higher Education II: Student Experiences and changing academic practice, Foundation of Educational Research の 3 つのパートから成り立つ。最後に、15,000 〜 20,000 字の論文を執筆する。担当教員の一人である Dr. Ertl は大学職員にアカデミック・ワークへの理解を求めている[8]。

チューターによるプレゼンテーション、小さい集団学習、学生によるプレゼンテーション、セミナーとワークショップ、プロジェクト学習、学外の専門家からの指導、個人指導の方法がとられる、大学ランキングの増長、留学生の交流の増加、授業料の高騰、学位プログラムの職業化に関する公的討論は、多くの国々で、まさに現在の課題である。マネジャー、政策立案者、研究者といった領域の未来のリーダー養成を目的としている。

実際に学んでいる学生の一人である Ms. Dambajantsan, Enkhzul によると「教育の理論や概念を学び、実在する問題を世界規模の文脈で討論し、可能な解決策を提案し、研究プロジェクトでチームあるいは個人としての活動を行っている。著名な講師の話を聞いたり、自分たちがプレゼンテーションをしたりもする。こうした経験は、高等教育についての関心を深め、独立した研究者になるために必要な知識やスキルを身に付けるのに役立っている。」という（Department of Education 2012）。このコースは、Department of Education と Oxford Learning Institute と連携して運営されている[9]。

サウサンプトン大学の MSc in Education Practice and Innovation は、義務教育

終了後の教育機関の教員や実践者向けのプログラムである。大学院生たちは、教育コンサルタント、教育の組織での上級レベルの実務家、大学・高等教育機関、継続教育機関等におけるマネジメントのポジションを目指す。修了するのに、フルタイムで18か月、パートタイムで30か月を要する。プログラムの構造は、**表4－4**の通りである。

　授業は、平日の午後5時から8時30分の時間帯で週2回、4クールに分け、第1～8週がセメスター1a、第9～12と15～17週がセメスター1b、第18～25週がセメスター2a、第30～37週がセメスター2bといった状態で開講されている[10]。

　共通のモジュール（Common modules）は、教育研究の理解、学習と教育、政策とカリキュラム、論文の4つである。選択モジュールは、行動における包摂（統合）と社会的公正 Inclusion and Social Justice in Action、教育のグローバル化・国際化、ラーニング・デジタル・リテラシー Learning and Digital Literacies、メンタリングとスタッフの能力開発、学校の効率化と改善、教員・大学に関するモジュールの5つである。必修のプログラム・モジュールは、生涯学習と職業関連学習の諸事情 Context of Lifelong and Work-related Learning、学習と教育のイノベーション研究の2つである。A module from a range across the Faculty/University はアメリカの大学院課程におけるコグネイト（cognate）に相当する。コグネイトとは他の専門分野のモジュールをあえて学ぶことであり、現職者が自分自身の実践の内容に合わせて幅広く学ぶことができる。評価は他の修士課程と同様にコースワークと論文によって行われる。

　次に取り上げるラフバラ大学の MS in Management and Leadership-Higher Education Administration（MS in HEA と略称）は約5年前に閉設された。開設された時期はロンドン大学 IOE の MBA in Higher Education Management とほぼ同時期である。両者は、AUA の公式 web サイトで紹介され、AUA のサーティフィケート・プログラム（AUA Postgraduate Certificate in Professional Practice）の修了者たちの、さらなる職能開発の手段として推奨されていた。

　ラフバラ大学の MS in HEA プログラムは12年にわたり開設されてきたが、各大学の研修に関する予算の削減にともない、学生募集が困難となってきた[11]。

表4－4　サウサンプトン大学MSc in Education Practice and Innovationのプログラム構成

共通モジュール
Understanding Education Research
Learning and Teaching
Policy and Curriculum
Dissertation
選択モジュール
Inclusion and Social Justice in Action
Globalisation and International in Education
Learing and Digital Literacies
Mentoring and Staff Development
School Effectiveness and Improvement
A module from a range across the Faculty/University
プログラム・モジュール
Context of Lifelong and Work-related Learning
Investigating Innovations in Learning and Teaching

　プログラムの存続に、ある一定数の学生の確保を要するが、志願者が減少し続けた。当該プログラムはイギリス国内の人々をターゲットとしていた[12]。東アジア地域から私費留学生が2名参加し、非常に有意義であるとみなしてくれたが、国際的なプログラムとはなり得なかった。

　MS in HEA は Diploma 取得のための18か月に加えて12か月を要し、計30か月かかる。働くプロフェッショナル向けのパートタイムの修士課程である。教育プログラムの構成は、**表4－5**のように Diploma in Management and Leadership（Higher Education Administration）の7つのモジュールに加えて、研究プロジェクトのモジュールを修了しなければならない。ケント大学と同様に、ディプロマ取得後に論文を執筆し、修士号を取得するという分かりやすい積み上げ式となっている。

　IOE の MBA in HEM と異なり、ラフバラ大学の MS in HEA は、Professional

and Management Development Centre (PMDC) により、高等教育の組織・機関で経験を積んだマネジャーに、大学における資格を得る機会を提供するものとして、いわゆるビジネススクール (School of Business and Economics) にて開設された。Diploma の教育プログラムを修了した全学生に開かれ、遠隔教育も用いて、2～3日のブロック単位で区切った形で、モジュールが設定されていた。

Research Proposal のチューターは Deputy Director の Ms. Smith が担当であった。学生は、ビジネス・スクールのスタッフに相談し、プロジェクトの課題を選び、指導教員の承諾を得なければならず、プロジェクトの課題に関して職場と相談するのが望ましいとされていた。このモジュールの目標は次のようになっていた。「知識と理解」の領域では、「研究が可能な実在するマネジメントの問題を理解する」ことと、「プロジェクトの目的・目標を明らかにする」ことであった。「教科に特化したスキル」の領域では、「組織の中で支援してくれる適切な後援者を明らかにする」こと、「適切な監督者（指導教官）を見つけ、プロジェクトについて話し合う」こと、「文献研究を実施し、さらに読み進め、研究の課題を発展させる重要な領域を明らかにする」こと、「プロジェクトで取り組む適切な方法を考案し十分な根拠を示す」ことであった。「移行可能なスキル」としては、「重要な課題、限界、挑戦、表現の方法を明らかにする」こと、「プロジェクトの完了に向けて工程表を開

表4－5 ラフバラ大学 MSc in Management and Leadership (HEA) のプログラム構成

Diploma in Management & Leadership（HEA）の必修モジュール
Leading Administrative Issues: Higher-Education Environment
Planning & Operation Management
Human Resource Management: Leading & Developing People
Information Management
Financial Management
Personnel Management: Policy and Prosudural Issues
Research Proposal
Research Project

発する」こと、「参考文献リストを含む研究計画を作成する」ことであった。受講生は 4,500 字の研究計画書を提出することとなっていた。最終的に修了するには、前述のオックスフォード大学やサウサンプトン大学と異なり、修士論文でなく、プロジェクトの報告書の作成が課せられていた。

おわりに

　本章では、まずリーダーシップ高等教育財団とほぼ同時期に開設されたロンドン大学 IOE の MBA in Higher Education Management プログラムについて取り上げた。大学経営人材を養成する修士課程として定評があり、国内外から毎年 30 名ほどの学生を受け入れている。原則として職務経験者を受け入れ、人事管理やマーケティングの内容が扱われ、省察的なリーダーを育成する点や修士論文ではなく報告書を書いて修了する者が多い点は、受講生同志のネットワーク形成づくりとも相まって、まさにアメリカのビジネススクールに近い。ただし、あくまでも教育系のプロフェッショナル・スクール（教育学大学院）であるため、高等教育の視点から政策や財政等について考察することに重点がおかれる。ロンドンのラッセルホテル近くに位置し、大学の上級レベルのマネジメント経験者によって開設された当初より、高等教育機関や大学間を横断して活躍する教員が多い。IOE と同時期にビジネススクール（経営学大学院）にて開設され、12 年後に閉設されたラフバラ大学の MS in Management and Leadership-Higher Education Administration は、人事管理や情報管理、財務を扱い経営学を援用し高等教育の領域を教えていた。どちらも上級レベルのマネジャーの育成を目的としており、ともにイギリスの大学職員の団体である AUA の推奨を受ける修士課程であったが、ラフバラ大学はイングランド地方中部に位置し、国内の社会人を主な対象としていた。場所と規模の両面で学生募集において不利であった可能性が高い。

　本章で見てきた MBA、MA、MS が授与される高等教育プログラムの他に、イギリスには高等教育の MPhil を授与する修士課程が存在する。ランカスター大学の MPhil in Higher or Teacher Education (thesis and coursework) のプロ

グラムは、高等教育や継続教育の分野で経験を積んだプロフェッショナルの要望に応えるために開設されている。パートタイムで修了するのに 48 か月(4年)かかるオンライン教育を取り入れた教育プログラムである[13]。プログラムの目的は自律的な研究者となり、自分自身の実践や関心により深く批判的な洞察を加えることができるようになる機会を提供することである。受講生はセミナーや講義に参加し、3 年目から論文に取りかかることになる。MPhil は自分自身の実践や関心により深く批判的な洞察を加えることができるようになる機会を提供する教育プログラムなのである。

　MPhil を授与する高等教育プログラムに限らず、管理運営のプロフェッショナルを育成するイギリスの修士課程レベルの高等教育プログラムは、講義、小集団の討論、チュータリングが用いられ、学術的なレポートや論文で成績・評価が行われている。一般的に 15,000 ～ 20,000 字の修士論文が必須となる。こうして受講生たちは自分の置かれた実践／環境を批判的に省察する力を身に付けていく。

註

1　修了生である一般財団法人高等教育研究財団理事長の糟谷稔氏に 2013 年 9 月 30 日東京にてインタビュー。
2　Prof. Locke, William は、アメリカの Prof. Cummings, William K. や日本の有本章教授らとともに、大学教授職の国際調査を実施している。(Locke, Cummings, and Fisher eds., 2011)
3　修了生である一般財団法人高等教育研究財団理事長の糟谷稔氏に 2013 年 9 月 30 日東京にてインタビュー。
4　ケント大学の Programme Director, MA in Higher Education and Academic Practice の Dr. Joannna William へ 2013 年 11 月 1 日にカンタベリーにてインタビュー。日本の大学でも研究科や学部学科の所属ではなく、センターや機構に所属する教員は急増している。
5　Dr. Joanna Williams の分析による。プログラム・ディレクターとして、Dr. Joanna は PhD と MA の両方を得ようとする受講生には PhD を優先させるべきであると助言、説得しているという。
6　ウォーリック大学 Center for Education Studies, University of Warwick の Course Leader MA Educational Leadership（Teach First）である Dr. Mercer, Justine に 2014 年 9 月 10 日にコヴェントリーにてインタビュー。
7　Dr. Mercer によると、ライン・マネジャーであるシニア・アドミニストレーターは、職員では最も給与が高いようである。イギリスのほとんどの大学が用いている給与の標準表、すなわち給与の俸給表を筆者に見せてくれた。

8 オックスフォード大学 Department of Education の Lecturer in Higher Education である Dr. Ertl, Hubert に 2012 年 10 月 18 日にオックスフォードにてインタビュー。
9 Oxford Learning Institute はオックスフォード大学の全教職員を対象とした研修プログラムを提供している。第 7 章にて論じる。
10 サウサンプトン大学 Southampton Education School の Director of Advanced Programmes である Dr. Dismore, Harriet に 2014 年 9 月 9 日、サンサンプトンにてインタビューを実施した。学生に配布している時間割を頂戴した。
11 ラフバラ大学の Administrator in Business Administration の Ms. Taylor, Elizabeth に 2013 年 7 月 2 日～ 8 月 12 日にかけて電子メールにてインタビューを行った。当該コースのアドミニストレーターであった Ms.Tayler からは、シラバスも閲覧させていただいた。当時の授業担当者（チューター）で博士号を持っている人はほとんどいなかった。MS in HEA の Deputy Director だった Ms. Smith, Alison は、ノッティンガム・トレント大学に移られた。
12 ラフバラ大学は、ロンドン市内から電車で約 1 時間 30 分、駅からはタクシーで約 10 分ほどかかる。
13 修了するのに対面式で指導を受ける "residential tutorials" が課せられており、完全なオンライン教育ではない。

参考文献

AUA, 2012, "AUA Postgraduate Certificate in Professional Practice,"（http://www.aua.ac.uk/pgcert/ 2012 年 6 月 30 日参照）。
Carpentier, Vincent, 2011, "Policies and Practices in Higher and Professional Education," *Reflecting Education* 7（1）: 1-4.
Department of Education, 2012, *Studying Education at Oxford*, University of Oxford.
Locke, William, Cummings, William K. and Fisher, Donald eds., 2011, *Changing Governance and Management in Higher Education*, Springer.
Southampton Education School, 2014, *Pushing the boundaries of education. Postgraduate programmes*, University of Southampton.
University of Kent, 2013, *Centre for the Study of Higher Education*（http://www.kent.ac.uk/cshe/programmes 2013 年 5 月 31 日参照）。
University of Lancaster, 2013, *Department of Educational Research*（http://www.lancaster.ac.uk/study/postgraduate-courses/ 2013 年 4 月 3 日参照）。
University of Oxford, 2012, *Department of Education*（http://www.education.ox.ac.uk/courses/higher-education/_2012 年 8 月 20 日参照）。
University of Southampton, 2013, *Innovate & excel. Postgraduate prospectus* 2014, University of Southampton.
吉田文、2014、「大学院における大学経営人材育成－イギリス IOE の事例－」『IDE 現代の高等教育 2014 年 7 月号』562：62-65。

第5章
大学経営人材を育成する博士課程

はじめに
1．博士課程の専門・専攻と教員
2．博士課程の目的・目標と内容
3．博士課程の学生
おわりに
註
参考文献

はじめに

　トップマネジメントを支える大学職員の重要性に対する社会的な認知は高まり、大学の幹部職員の育成を目指す大学院博士課程も日本において 2000 年以降新たに誕生している。さらに職員のみならず教員を含む大学経営人材のキャリア形成や職能開発についても活発に論じられるようになった（広島大学高等教育研究開発センター編 2012）。しかし。日本の高等教育を専門・専攻とする数少ない大学院博士課程に関しては、「大学経営人材の養成という機能が重要であればこそ、そのための学術的基盤を形成していくこと」（福留 2014：31）や「二流の Ph.D. ではない Ed.D. ならではの存在意義」を打ち出していくこと（伊藤 2014：43）の難しさ等がうかがえる。

　前章では、イギリスの修士課程レベルの高等教育プログラムについて見てきたが、本章では、博士課程レベルの高等教育プログラムの中で、プロフェッショナルなアドミニストレーターの養成に力を注ぐ大学に着目し、検討を進める。オックスフォード大学やランカスター大学には高等教育を専門とし哲学博士号（Doctor of Philosophy、以下 PhD）を授与する教育プログラムが提供されているが、いずれも従来からある伝統的な研究型の大学院課程に近い。高等教育を専門・専攻とし、職業学位を授与する博士課程を開設している大学は、バース大学、リヴァプール大学、ティーズサイド大学、ビショップ・グローステスト大学である。詳細な資料が入手でき、関係者らと連絡がとれ、訪問調査することができたバース大学とリヴァプール大学の博士課程について論じる[1]。バース大学は 1966 年に創立された比較的新しい大学であり、リヴァプール大学は 1881 年に創立されたレッドブリック大学の一つである。いずれもラッセルグループに所属する伝統校である[2]。

1. 博士課程の専門・専攻と教員

　バース大学では 2002 年に経営学部（School of Management）にて高等教育のマネジメントを専門とする Doctor of Business Administration in Higher

Education Management(以下、DBA)を授与する教育プログラムの提供を開始した。このプログラムの開設に寄与したのは、UNESCOの高等教育マネジメント部門でチェアを務めた経験を有するMr. Mawditt, Richardであった。現在のプログラム・ディレクターのDr. Naidoo, Rajianiは、プログラム開設当初は教育学科（Department of Education）の所属で、教育学の修士課程の担当教員であった。教育学科の教員たちは、初等および中等教育なら理解できるが、職員養成といった高等教育の専門・専攻の教育プログラムに必要性を感じておらず、新しくできたDBAを授与する学位プログラムを色眼鏡で見ていた。教育学科から経営学部に異動しDBAのディレクターとなったDr. Naidooは、大学の上級レベルの管理運営職のための博士号を授与するこのプログラムを現在の形にするのに7年かかっている。現在の専任教員の数は17人で、経営学部所属が9人、教育学科所属が5人、その他は副学長、研究担当の副学長補佐を含む3人である（University of Bath 2010）。客員教員は2人、ゲスト講師は10人で、いずれも他大学の教員もしくはHEFCE（高等教育財政委員会）やUNESCOといった高等教育機関・組織の関係者である（University of Bath 2010）。

　このバース大学におけるDBAプログラムをDr. Naidooはパートタイムの職業学位ではなく研究学位を授与するプログラムに区分している。学位取得にはPhDと同等の基準、例えば学術的な知への貢献等が要求される。入学を希望する学生は職務経験に加えて、原則として修士号をもっていなければならず、修了まで最短で3年、長くて8年を要する教育プログラムである。

　もう一つのリヴァプール大学では、2011年頃に高等教育を専門とするDoctor of Education- Higher Education (EdD) を授与する学位プログラムを開設した。大学がローリエイト（LAUREATE）という企業と連携し、学生が独立し自律的に学べる博士課程レベルの新たなオンライン教育として、教育をマネジメントするEdDプログラムの提供を開始した。修了期間は早くて3年半、標準で4年もしくは4年半である[3]。こちらのプロフェッショナルな博士課程も、PhDに匹敵するような資格であり、高等教育におけるリーダーや専門職としての役割を果たすことを望む人々、あるいは学習や教育といっ

た高等教育の他の側面を研究したいと願う人々にふさわしいとされている（University of Liverpool 2012）。

　プログラム・ディレクターのDr.Kahn, Peterは生涯学習センター（Centre for Lifelong Learning）の所属で、同じ所属の教員に加えて、ローリエイト社側が雇用した教員とあわせて計20～30人ほどの教員が本プログラムに関わる。ローリエイト社が雇用する教員は学生と同様にイギリス以外に在住している者が多い。ローリエイト社が教員の募集・採用・雇用活動を行うとはいえ、最終的にはDr. Kahnが中心となって教員の資格審査を行い、大学側が任命する仕組みとなっている[4]。

　完全にオンライン教育で学位が取得できる環境を整え、学生をウェブサイトにて全面的に支援しているのが、ステューデント・サクセス・センター（Centre for Student Success）である。このセンターはローリエイト社が直接に組織化しているバーチャルなセンターである。オリエンテーションの提供、学生生活を支援するマネジャーの配置、スキルを教えるチューターの配置、論文執筆や留学生を対象とした学術的文章の書き方といったアカデミック・スキルの選択モデュールの提供、ライブラリー・サービス、バーチャルな学生ラウンジの提供等を行う（Centre for Student Success 2014）。

　バース大学のプログラム・ディレクターのDr. Naidooはケンブリッジ大学にて社会学の分野でPhDを取得した高等教育を研究領域とする研究者である。リヴァプール大学のディレクターのDr. Kahnも社会学の分野でPhDを取得し、高等教育における教育方法・教育課程を専門としている。Dr. Naidooは大学経営人材に大学教員たちのアカデミック・ワークへの理解を求め、Dr. Kahnは副学長やレジストラーといった幹部は研究を理解していないと物事を判断できないと断言している。次節では教員たちの考えが反映されているであろう教育の内容・方法等を見ていく。

2．博士課程の目的・目標と内容

　まず、それぞれの博士課程が目標とする人材像を整理しておく。バース大

学のDBAプログラムへ入学するのは、もとより高等教育機関で中級あるいは上級レベルの職階にある現職者たちであるが、修了後は世界的な、すぐれた研究のマネジャー（leading research manager）としてさらに活躍してもらうことを想定している。したがって、とりわけマネジャーとしての能力開発に重点をおき、高等教育関連の職場へ学修・研究の成果を有益に転移させることができるような内省的な専門職を育てている。

リヴァプール大学のEdDプログラムでは、コンサルタント、中級・上級レベルのマネジャー、教学部門のアドミニストレーターの育成を目指している。博士課程修了後は、ファカルティ・ディベロップメントや学習の計画・政策立案等でリーダーシップを発揮できるよう、教育研究組織内でより高い職階への昇進を期待している。

続いて、各プログラムの構造と内容について見てみる（University of Bath 2012, University of Liverpool 2013）。バース大学のDBA課程の構造は大きく第一段階と第二段階の二つに分かれている。**表５−１**の通り、第一段階は3ユニットあり、講義、ケース・スタディ、セミナー、プレゼンテーションが課せられる。各ユニットはバース大学で開講され、約2週間の滞在期間（residential periods）が設定されている。第二段階は博士論文の執筆が中心となり、学生は教員と電子メールや電話でスケジュールを調整し個別の指導を受けることになる。

学生たちはコーホート（cohort）として、キャンパスに滞在期間中に、互いの経験や意見を共有し、ネットワークをつくり、助け合う[5]。学生はイギリス国内のみならず、世界中から集まる。したがって大学側は、学生たちが

表５−１　バース大学DBA in Higher Education Managementのプログラム構成

Phase 1
Unit 1: Strategic Organizational Change in Higher Education
Unit 2: Strategic Issues in Higher Educatio Development and Manegement
Unit 3: Reserch Methods
Phase 2
Thesis

互いに知り合い、意見交換ができる適正な規模かつ国際色豊かな学生集団にし、高等教育マネジメントの比較研究を行うことを通してバース大学にて国際的な経験ができるように配慮する。

　第一段階のユニット1「高等教育における戦略的組織変革」は、「高等教育における変革プロセスに適切な組織の条件の概要」、「変革の状況の創造」、「変革の戦略」、「運用の戦略」、「変革の評価」、「内省的な実践」という6つのセッションで成り立ち、次のような達成目標が掲げられている。高等教育の組織的変革の鍵となる考えや文献を理解し、評価し、学術論文を執筆することができるようになる。実践的なアプローチや理論的な資源に関して適切な判断ができるようになる。専門的な職務に内省的な実務家としてアプローチし、他の専門家と連携してプロジェクトやプログラムに貢献できるようになる。

　第一段階のユニット2「高等教育の開発と管理運営における戦略的課題」は、10セッションある。「高等教育のグローバル化」、「高等教育の国際化とボーダーレス」、「大学の財政と管理への現代的アプローチ」、「教授学習の進化」、「研究と学問の振興」、「高等教育の資金調達」、「高等教育の事業化主義」、「アカウンタビリティと自律性」、「質の保証と質の向上」、「高等教育の開発」を通して、次のような達成目標が掲げられている。高等教育の発展に影響を及ぼす政策動向を深く理解することができる。自分で選択した領域に関して知識を基盤に、批判的な分析を行うことができる。自分で選択した領域に関して知識基盤の空白を突きとめ、発展させることができる。ある特定の文脈における意義・重要性を詳細に理解していることを論証することができる。

　第一段階のユニット3の「研究方法」は、「理論と研究と方法の間の関連」、「量的・質的調査方法の理解」、「関連性のある応用研究方法の理解」、「高等教育機関において成功し価値ある研究の状況と条件」といった4つのテーマで構成され、次のような達成目標が掲げられている。高等教育システムや機関について様々な研究アプローチを理解する。研究の目的、強みや弱みを判断し、最もふさわしい研究方法を判断することができる。研究の過程においては、批判的な読者あるいは関係者の視点をもちつつ研究を遂行することが

できる。

　第一段階を修了し第二段階へ進むためには、ユニット1で8,000字1つ、ユニット2で8,000字2つ、ユニット3で8,000字1つ、の合計4つのレポートをこなさなければならない。第二段階は、電子メールや電話など個別指導により5万字の博士論文を執筆する。博士論文にはPhDと同等の基準に見合うことが求められ、さらに、専門職としての能力開発に関する報告、研究から生じる高等教育機関の諸事情への洞察や提案が含まれていることが期待され、学内外の審査員による博士論文の口頭試問（viva voce examination）に合格しなければならない。

　次に、リヴァプール大学のプログラム構成と内容について見てみる。リヴァプール大学のEdDプログラムは統合的かつ全人的なアプローチを取り入れている。学生たちはすべてオンラインで教育を受けることができるため、イギリスのリヴァプールまで通う必要は一度もない。授業料等の学費は比較的に安価となり、自分のペースで学べるというメリットがあるが、一方で学生が居をともにし学び合うこと、あるいは対面でよりよく知り合うことができないというデメリットもある。そこでオンラインで共通のトピックについて300字くらいで常に意見のやり取りができるようにしたり、学生がチューターとスカイプでつながるようにしたりしている。履修期間は3年半から4年半で、学生は仕事や家事の都合を考慮し、履修を進めていく。

　表５－２の通り、まずはウェブ上の教室でオリエンテーションを全員が履修する。ここではオンライン教育を受ける上で必要な技術的なスキル、すなわち課題の提出方法等の基本的なルールを身につける。続いて、90単位の「博士課程能力開発計画（以下、DDPと略記）」が用意されており、1モジュール10単位を積み重ねていく。DDPは学生が省察を行ない、博士論文の計画を立てることを支援するモジュールである。メンターとのやり取り、省察的ライティングの完成を通して、学生は専門的な職業の場で博士号をもつ実践者としてふるまえる自信と力量を獲得する。批判的思考能力を応用し、学んだことを個人や職業の変容に反映させること、専門的職業あるいは研究の見地から強化する領域を明らかにすることができるようになるのがDDPの達

表5-2 リヴァプール大学 EdD in Higher Education のプログラム構成

モジュール名	単位数
Student Readiness Orientation	0
Doctoral Development Plan	90
Module 1~9	270
Thesis	180
計	540

成目標である。

　次のモジュール1から9はDDPと並行して履修していく。まず、モジュール1の「博士の実務家になること」は、EdDプログラムにおけるエートスと勉学の方法を学生に紹介するモジュールである。このモジュールで学生は、学位取得のための意欲を高め、学術的環境において求められることを理解し自己管理する、高等教育のリーダーシップに影響を与える文化的要因を理解すること、等ができるようになる。モジュール2の「学習者と学習」は、学習者の本質、学習者とファシリテーターの関係、学習理論、研究と学習の関係を探究する。学生は、学習行動の改善方法を認識し、目標を効率的に達成するための学習行動を分析すること、等ができるようになる。モジュール3の「学習：環境、インフラストラクチャー、および組織」は、学習環境の本質、学習環境の創出や構造化について探究を行う。社会的、組織的、文化的な事情を考慮し、学習者の多様性に適した学習環境の構成要素を導き出すことができるようになる。

　続いて、モジュール4の「知るための方法：教育的な研究と実践のパースペクティブ」は、教育研究における知識創造の哲学的および方法論的な土台を提供するものである。このモジュールで、個人、社会、文化の影響を認識すること、教育の課題を理論を用いて分析すること等ができるようになる。モジュール5の「教育的な研究と実践における価値」は、学生個人の価値と教育理念を探究し、社会や政策における教育の役割や研究と政策の関係を理解する目的をもつ。個人的な価値と文化的な価値の間の一致や対立を認識し表現できる、あるいは、個人的な教育の価値と調和するような教育政

策や実践をもたらす戦略を展開することができるようになる。モジュール6の「リーダーシップ、方針、および制度上の変革」は、変革の理論、絶え間のない改善を促進するためのモデル等を探求する。多様化したステイクホルダーのために戦略、政策、組織、資源配分の相互関係に折り合いをつけることができるようになる。

　モジュール7の「教育の研究方法」は、研究の分析の枠組みを提示する。研究における理論と政策と実践のつながりを批判的に分析する、あるいは研究計画の適切性や様々な研究方法の妥当性を評価するといったことができるようになる。モジュール8の「教育のリーダーシップのためのアクションリサーチ」は、様々な形態でアクションリサーチの概念を探求し、専門職あるいはリーダーの役割を果たす際にアクションリサーチを応用することができるようになる。モジュール9の「国際化、グローバル化のインパクト」は、教育政策課題のグローバル化について探求し、国内外の動きに照らして自分の所属機関との関連性を評価したり、構造を発展させたりすることができるようになる。

　最後の1〜2年の間に、「いかなる博士課程でも博士論文は礎石（コーナーストーン）となるものである」(University of Liverpool 2013) と記されている通り、学生は博士論文を執筆する。まず第1に学生が博士論文の計画を申請し、第2に教員が検討し、申請を認め、第3に学生が約5万3,000字の博士論文を書き、最後にバース大学のDBAプログラムと同様の口頭試問をスカイプで受けるという手順となる。

　Dr. Kahnは高等教育は心理学や社会学といったディシプリンを援用する一研究領域であるとした上で、イギリスではどの学位プログラムもスキル、すなわち特定の領域の知識、教育・研究のスキル、チームワークのスキル、プレゼンテーション・スキルを養うと強調している。したがって、EdDプログラムも、教育のマネジメントに関連する知識とともに論文執筆のスキル獲得に注力しているのである。

3．博士課程の学生

　本節では、研究者を養成するような教育内容・方法の両大学の博士課程の在学生について見てみる。バース大学の博士課程には今では約 150 人の学生が在籍する。ほとんどが中級レベル以上の職位・職階の現職者たちである。また過半数は留学生で、アメリカ、カナダ、モロッコ、アラブ首長国連邦、スイス、サウジアラビア、アイルランド、パキスタン、ウガンダ、ニカラグア等と出身国は多様である。ラテンアメリカ出身者の中には学長（rector）や副学長（vice-rector）、あるいは理工系の分野の大学教員等が学ぶ。その学生たちはバース大学の DBA を選んだ理由を次のように述べている（University of Bath 2010）。ジャマイカのウェスト・インディーズ大学の Ms. Longsworth, Lis Marina は、研究をベースにしつつ、実践に応用できる博士課程を探して、バース大学で学ぶことを決めた。Ms. Longsworth は、カリブ海の 16 か国で 42 校を管理するディレクターであり、上級レベルのマネジメントチームの一員でもある。バーチャルな高等教育環境におけるリーダーシップを博士論文のテーマにしている。メルボルンにあるラトローブ大学の副学長で、保健科学の分野の教員である Prof. Swerissen, Hal は、高等教育のデータや文献を構造的に探究し、多くの人々に出会い、高等教育界がどうなっているのかを幅広く捉えるために DBA プログラムで学ぶことにした。Prof. Swerissen は、歯科学、看護学を含む保健科学の大勢の教員を相手に、7,000 人の学生を対象とする現行のカリキュラムの 3 分の 2 を変更し、教育実施体制を再構築した。こうしたオーストリアの大学教育改革が博士論文のテーマにつながっている。日本から DBA プログラムに参加した九州大学の高原芳枝氏は、長期にわたり国際交流の仕事を担当し、海外の大学との共同プログラムの企画運営にも携わってきた[6]。世界の高等教育についての知識の獲得と視野の広がりをもたらすと高く評価している。

　続いて、リヴァプール大学の博士課程には約 300 人の学生が在籍している。約 42 か国から 145 人が集まり、大部分は 30 歳代後半から 50 代の社会人学生である（University of Liverpool 2014）。EdD プログラムの学生代表を務め

る Mr. Miller, Bret はアメリカのアリゾナ州在住で、フェニックス大学の修士課程にて MBA 取得後に、アポロ教育グループ社で5年間ほど大学のアナリストとして勤務している[7]。アメリカにはイギリスより数多くの高等教育を専門とする大学院課程が存在するが、イギリスのリヴァプール大学ほど管理運営の訓練において知識豊富で多様性のある博士課程は他にないと考えている。教育界は急速にユビキタスになっており、国際的かつ多様な視野を持つためには、学生が世界中から集まり、さまざまな文化や教育環境に触れることができるというメリットを重視して EdD プログラムを選んだのである。

おわりに

　本章で明らかにしたことをまとめると以下の通りである。

　イギリスには高等教育を専門・専攻とする大学院課程を開設する大学が20余りある中で大学経営人材を育成し職業学位を授与する大学は4校存在する。本章で取り上げたバース大学では Higher Education Management、リヴァプール大学では Higher Education という専門・専攻名で、それぞれ DBA と EdD の学位が授与されている。DBA プログラムが 2002 年、EdD プログラムが 2011 年と開設年は比較的新しい。

　高等教育プログラムの提供母体となる組織は、バース大学では、プログラム開設時には教育学の他の教員の理解を得るのに苦労した経緯があったものの、現在ではいわゆるビジネススクールの中に位置づけられ定着している。一方、リヴァプール大学では生涯学習センターを中心に、ステューデント・サクセス・センターが教育プログラムの運営を多方面で支えている。両大学の教育プログラムはともに高等教育機関におけるリーダーを養成しているが、PhD に匹敵する内容と目標達成基準が設定されていた。

　専任教員は基本的に高等教育研究者であるが、DBA や EdD プログラムの出身者ではない。両博士課程の目指される大学経営人材像は、研究を遂行する力、研究を理解できる力をもつ、内省的なリーダーである。教育の内容は、バース大学 DBA プログラムが組織戦略や評価、大学教育、大学行財政、高

等教育政策等の広範囲な内容と研究方法を、リヴァプール大学 EdD プログラムが大学教育の教授法や環境整備等の教学マネジメントを中心とした内容と研究方法を扱う。両プログラムとも基本的に PhD と同等の達成水準を学生に求めているため、学位取得要件には博士論文を執筆し、口頭試問に合格することを課している。さらに、両プログラムは、リアルとバーチャルの違いはあるものの、ともに学生同士の意見交換の場の設定とネットワークの形成を内蔵している。こうした博士課程で学ぶ学生のほとんどが有職者、すなわち大学の現職の教職員である。在学生の数はバース大学が約 150 人、リヴァプール大学が約 300 人で、しかもそのうちの約半数がイギリス国外出身学生である。

　本書の第 3 章で見た通り、イギリスは日本より高等教育の規模が小さいにもかかわらず、高等教育を専門・専攻とする大学院課程の数は日本より多い。さらにイギリスは大学職員の専門職化および高度化が発展途上の段階であるにもかかわらず、プロフェッショナルな学位である DBA と EdD を授与する高等教育の博士課程に対する在学生数、すなわち需要の多さには目を見張るものがある。他方、イギリスの大学における経営人材育成の必要性の高まりから、イギリス国内で高等教育を専門・専攻とする大学院課程が誕生した経緯を鑑みると、在学生の約半数が留学生であるので、結果として他国の大学のリーダーを養成していることになる。大学院課程の後継者となる教員／研究者の輩出ができるか否かとともに、今後の発展の課題となり得る。しかし、国・地域を問わず大学経営人材には、普遍的かつ高次の汎用的スキルとして教育・研究活動に付随する能力が必要であると解釈もできよう。このことは日本の大学職員が、大学院博士課程で獲得したスキル・能力を論理的思考力、調査分析能力、プレゼンテーション能力、論文作成力等と評価していることと類似するものであり（高野　2010）、社会人学生も OJT では身に付けられない学術的な能力の獲得を求めて入学することと合致する。日本における高等教育を専門・専攻とする大学院博士課程も実務家教員ではない従来のオーソドックスな教員が担当し、多様な学生を集め、多様なテーマの研究が行われることに発展の可能性がありそうである。

註

1 バース大学にて 2012 年 10 月 19 日に同大学の Director of Studies DBA in Higher Education Management の Dr. Rajiani Naidoo に、リヴァプール大学にて 2014 年 9 月 11 日に同大学の Director of Studies for the EdD in Higher Education の Dr. Peter Kahn にインタビュー調査を実施した。
2 ラッセルグループはイギリスにおける 24 の研究大学がメンバーであり、ロンドンのラッセルスクエア近くのホテル・ラッセルで会合が開かれたことから、ラッセルグループと呼ばれている。レッドブリック大学は 19 世紀後半に工業都市に建設された赤レンガの大学を意味する。
3 2014 年 9 月のインタビュー時では、第 1 期生たちの博士論文に関する最終試験である口頭試問(viva voce examination)が終わったばかりであった。
4 Dr. Kahn は新任の大学教員のための「高等教育資格課程」に長期にわたり関わり、"Educational Developer" という肩書も有する。
5 コーホート(cohort)とは同じ時期に入学した学生の小集団を指し、学生の間でピアサポートが行なわれる。
6 2015 年 2 月 11 日〜18 日にかけて高原芳枝氏に電子メールにてインタビューを実施した。
7 Mr. Bret Miller に 2014 年 7 月 1 日〜3 日にかけて電子メールにてインタビューを実施した。アポロ教育グループ社はアメリカで営利大学を展開している。

参考文献

Centre for Student Success, 2014, *Laureate Online Education*, University of Liverpool.
Clark, Burton R., 1995, *Place of Inquiry Research and Advanced Education in Modern Universities*, Oakland: University of California Press. (= 2002、有本章監訳、『大学院教育の国際比較』玉川大学出版部。)
University of Bath, 2010, *The Bath Doctor of Business Administration in Higher Education Management*, School of Management, University of Bath, 2010.
University of Bath, 2012, *The Bath Doctor of Business Administration in Higher Education Management*, School of Management, University of Bath, 2012.
University of Liverpool, 2012, *Framework for Online Professional Doctorates March 2012*, University of Liverpool.
University of Liverpool, 2013, *Doctor of Education – Higher Education*, Laureat Online Education, University of Liverpool.
University of Liverpool, 2014, Diversity in The Online Classroom (http://www.university-liverpool-online.com/programmes/doctorates/doctor-of-education 2014 年 6 月 24 日参照)。
伊藤彰浩、2014、「名古屋大学高等教育マネジメント分野の現状と課題」『IDE 現代の高等教育』562:39-43。
高野篤子、2010、「大学職員の能力開発と採用ー大学院課程での学びー」『大学教育学会誌』32(2):66-9。
広島大学高等教育研究開発センター編、2012、『これからの大学経営〜誰がどのような役割

を担うのか〜』高等教育研究叢書 118、広島大学高等教育研究開発センター。
福留東土、2014、「東京大学大学経営・政策コースにおける大学経営人材養成」『IDE 現代の高等教育』562：27-31。

第6章
大学関連団体における研修プログラム

はじめに
1．AUA PgCert の概要
2．AUA PgCert のレベルと構造
3．AUA PgCert のアウトカム
4．高等教育リーダーシップ財団の研修
5．高等教育リーダーシップ財団の多様化する研修
おわりに
註
参考文献

はじめに

　大学における管理運営の専門職の分化が進むアメリカには大学職員全般を会員の対象とする団体は存在しない。だが、イギリスには日本と同様に大学職員の包括的な団体として Association of University Administrators（以下 AUA と表記）が存在する[1]。高等教育の管理運営およびマネジメントスタッフのための専門職団体で、会員のキャリアアップとネットワークの構築、キャリア開発の支援を行い、高等教育セクター全体のために活動している。会員数は約 4,500 人以上に達する大規模な団体である。この AUA は大学行政職員会議（Conference of University Administrators, CUA）とポリテクニック行政職員協会（Association of Polytechnic Administrators, APA）が合併し 1993 年に結成されたが、そのルーツは 1961 年設立の大学教学担当職員会議（Meeting of University Academic Administrators, MUAAS）にまでさかのぼることができるという（AUA 2013）。

　日本で大学の職員を主たる会員として 1997 年に発足した大学行政管理学会（Japan Association of University Administrative Management）は、イギリス版の大学行政管理学会とも言えるこの AUA と 2005 年に包括協定を締結している[2]。爾来、イギリス国内の大学にて開催される AUA の年次総会には、日本の大学行政管理学会から毎年会員が派遣され、両団体間で交流が図られてきた。大学行政管理学会誌には AUA における研修の内容および動向が、イギリスの高等教育事情とともに報告されている（萱間 2014, 日高 2014, 久志 2013, 栗林 2012, 中村 2012, 余田 2011, 栗林 2010, 片岡・加藤 2009, 中山 2007, 鏡味 2005, 気仙 2004, 市川 2004）。大学行政管理学会では 2004 年前後にイギリスの大学の幹部職員をファシリテーターとした大学職員の国際的な研修会（International Meeting of University Administrators 以下 IMUA）にも会員を派遣していた時期があった（高野 2004, 林 2008）[3]。

　AUA の他に全英的な組織としては、2004 年に設立した高等教育リーダーシップ財団（Leadership Foundation for Higher Education 以下リーダーシップ財団と略記）が挙げられよう。リーダーシップ財団は政府主導で、イギリス大学協会

第6章　大学関連団体における研修プログラム　89

（Universities UK）とギルド HE（GuildHE）によって高等教育機関のリーダーシップ、ガバナンスやマネジメントの支援を行うために開設された[4]。現在では大学のリーダーを育成する研修プログラムを提供している。

　本章では、日本の大学行政管理学会より長い歴史を有するイギリスのAUA が主導するサーティフィケート・プログラムと、リーダーシップ財団が提供する研修プログラムについて、ウェッブサイトにおける資料、AUA の会長経験者や LFHE の関係者、高等教育研究者への現地での調査をもとに検討する。イギリスの個々の大学における管理運営専門職の研修に関しては次章にて取り上げる。

1．AUA　PgCert の概要

　AUA はオープン・ユニバーシティ（Open University）[5] と連携した"AUA Postgraduate Certificate Professional Practice in Higher Education Management（以下、AUA　PgCert と略記）という独自のサーティフィケート・プログラムを展開している（AUA 2012）。現役の大学職員の継続的な能力開発のためのもので、修了まで最短で1年半、通常は2年かかる。このプログラムは AUA が教育機関（teaching institution）となり、ベテラン会員がメンターとして参加者をサポートし、いわゆる大学職員という業界内で専門職人材を育成する形態をとる。しかし、最終的なサーティフィケートの授与は授与機関(awarding institution) であるオープン・ユニバーシティが行う。

　この教育プログラムは、イギリスの高等教育機関におけるプロフェッショナルなマネジャーやアドミニストレーター向けのもので、AUA の非会員も参加申し込みできるが、原則としてイギリスもしくはアイルランドにて第一学位を得て、高等教育機関に勤務する者が対象である。第一学位を持たない者は格別な職務経験や他の資格が求められる。

　教育プログラムは参加者が自己管理し、仕事を基盤とした学修を行うように設定され、仕事に関わる分野の知識や理解力を開発・評価し、内省的な実務家としてのスキルを開発・向上する機会が与えられるようになっている。

AUAによる2日間の学修が必須であるが、基本的にプログラムの構造およびエートスは自分にとって必要なことを主体的に学ぶことができる柔軟性を有する。理論と実践が統合され、自己の学びや啓発に職務経験を活用することができる。

2日間の学修では、グループディスカッションが重視され、コリーグ(colleagues)やコーホート(cohort)と呼ばれる参加者同士の小集団で経験を共有し合い、ネットワークを形成する。1日目(Study Day 1)は、最初の3～4か月間で自己啓発計画を作成することを目標に、プログラムの概要、個人の研修計画とメンターとの関係について学ぶ。この初日に、イギリスの大学において専門職として活躍するマネジャーやアドミニストレーターがメンターとして各参加者に割り当てられる。続く2日目(Study Day 2)は、約4か月後に実施される。自分の経験を振り返る機会となり、省察的な実践に重点をおき、プログラムの残りを過ごすためである。

メンターはAUAで訓練されている。メンターは、受講生に支援と批判的な友情(critical friendship)を提供し、受講生が自己管理する学修を助長する役割を担う。その重要な役割の1つが、受講生の視野を広げ、目の前のことだけに捕らわれずに挑戦することを可能にすることである。そのために受講生とは異なる所属機関の人がメンターとなる。

2．AUA PgCertのレベルと構造

このAUA PgCertというサーティフィケート・プログラムはイギリスの高等教育資格枠組みでは大学院レベルのLevel 7に位置付けられ、60単位、すなわち1単位10時間の学修で、600時間相当の学修が必要とされる。プログラムの構造は、次の**表6－1**の通り3つのテーマに分かれ、イギリスの高等教育セクターに関する知識と理解力を開発する。

テーマAの「社会と高等教育(Theme A: Higher education in society)」は、「1．高等教育の歴史的・政治的分脈」、「2．高等教育のビジネス」、「3．学生の募集と選抜」、テーマBの「学習経験(Theme B: The learning experience)」は、「4．

第6章　大学関連団体における研修プログラム　91

表6-1　AUA PgCertのプログラム構成

Theme A: Higher education in society
1. Historical and political contexts of higher education
2. The business of higher Education and Management
3. Student recruitment and selection ○
Theme B: The learning experience
4. Quality and standards
5. Learning and teaching
6. Student support
6a. Student support and guidance ○
7. International students ○
Theme C: Administration and management of higher education
8. Reserch and related activities
9. Leadership, governance and management
10. Planning and review
10a. Strategic planning and review ○
11. UCAS Admissions systems (UCAS, GTTR, SUKAS, UKPASS) ○
12. Managing change in admissions ○

○は入学担当者向けの科目　＊AUAのウェブサイトを基に作成。

質と水準」、「5. 学習と教育」、「6. 学生支援」、「7. 留学生」、テーマｃの「高等教育の管理運営・経営(Theme C: Administration and management of higher education)」は、「8. 研究および研究関連活動」、「9. リーダーシップ，ガバナンス，マネジメント」、「10. 計画と点検」、「11. UCASアドミッション・システム(UCAS, GTTR, CUKAS, UKPASS)[6]」、「12. アドミッションにおける変化の管理」の8つに細別される。

　受講生は、これらの履修を通して、専門職としての倫理観を磨き、経験を分析・評価し、知識を獲得し、理解を深め、実践に結びつけていくことになる。

3．AUA　PgCert のアウトカム

　AUA はもともと大学職員の継続する職能開発（CPD: Continuous Professional Development）を提唱している。このサーティフィケート・プログラムは、「1. イギリスの高等教育とその社会での役割に関する複雑な原動力、2. イギリスの高等教育における学生の学修経験を支援する基礎構造と資源、3. イギリスの高等教育の管理運営および経営の構造を決定する鍵となる要因、以上の3つについての知識と理解を増すこと」が目標である。

　受講生はメンタリングを受けながら、ポータルサイトの活用や文献資料の講読といった自発的な学習に取り組む。そして、現存する研究から得た証拠を批判的に評価する能力、理論と実践を批判的に評価し統合する能力、分脈の中に知識を応用する能力、自分の専門的職業上の実践とその職業上の倫理にかなった特性について批判的に省察する能力を獲得する。これらの能力は、文章によって効果的に意思疎通をはかる力、体系的かつ創造的に複雑な課題を処理する力にも転用できる能力となる。そして、このサーティフィケート・プログラムの修了者は、第4章で取り上げたロンドン大学大学院等の修士課程でさらに職能開発を行うことが推奨されている。

4．高等教育リーダーシップ財団の研修

　続いてリーダーシップ財団の提供する研修プログラムについて見てみる。**表6－2**の通り 2012 年には大学の管理運営職向けに7つの職階別の研修プログラムを提供している。

　① Top Management Programme（TMP）は、リーダーシップ財団の旗艦プログラムである。受講料は1人につき1万 4,000 ポンドで、1ポンドを約 180 円で換算すると、約 252 万円となり、かなり高額である[7]。基本的にすでに大学（高等教育機関）運営の要職にある者、最も高いポジションに到達する可能性を有する者として大学（高等教育機関）によって承認されている人が応募できる。過去の参加者は、副学長（vice-chancellors）、カレッジの長（prin-

表6-2　高等教育リーダーシップ財団による研修プログラム

プログラム名	主な受講対象者
① Top Management Programme (TMP)	副学長
② Preparing for Senior Strategic Leadership (PSSL)	カレッジの長
③ Senior Strategic Leadership (SSL)	非教学部門の長
④ Head of Department (IHoD)	教学部門の長
⑤ Introduction to Head of Department (IHoD)	教学部門の長
⑥ Aspiring Registars Programme (ARP)	レジストラー
⑦ Future Leaders Programme (FLP)	専門職

＊高等教育リーダーシップ財団のウェッブサイトを基に作成（http://www.lfhe.ac.uk/en/programmes-events/you　2012年10月4日参照）。

cipals）、行政の長（chief executives）、副学長補佐（pro vice-chancellors/vice-principals）、執行部のディーン（executive deans with cross institutional responsibility）、事務長（head of university administration and directors of professional services）等である。

　リーダーシップ財団側は、バランスのとれた受講生のコーホート（集団）をつくるために、女性とマイノリティの応募を推奨するとともに、次の点を考慮する。さまざまな管理運営の役割、幅広い組織や機関、地理的条件、上級レベルでの経験の幅の広さと深さ、文化的背景の多様性といった点である。応募書類は、A4両面1枚の自己申告書で、これまでの管理運営経験とプログラムへの参加動機を記入するようになっている。応募締め切り後の4週間以内に、所属先の副学長やカレッジの長からの推薦状とともに選考され、合否が決まる。

　研修プログラムの内容は、初日のオリエンテーションを終えると、第1週の「組織的なインパクトのための導き Leading for organizational impact」というリーダーシップや戦略やトップチームの開発に関する課題に取り組む4日間の滞在型の研修が始まる。グループごとに4時間ほど討論する機会がある。また、職務を遂行する上で必要な知識や方法を、ゲスト講師である上級レベルのリーダーの経験から学ぶことができる。第2週は「国際的なグループ課題 International group assignment」で、ヨーロッパ大陸もしくは北米で実施さ

れ、参加者たちは地域の高等教育機関を調査し戦略的な改革を行うための選択肢を提示する。第3週「組織を超える有効性 Effectiveness across and beyond the institution」の最後の4日間も、滞在型の研修である。6時間にわたりシミュレーションを行う活動が含まれ、参加者同士が協働して組織を導く機会が与えられる。合計3週間で、第1週と3週をイギリスにて、第2週を海外にて、6か月にわたり実施する[8]。小さい集団に分かれるプロジェクト方式で、360度評価[9]といったツールも活用しながら、個人、チーム、組織について学び、それぞれの週の合間、すなわち2か月弱の間に自分の長所・短所、リーダーとしての自分、自分のスタイル、大学の組織・構造、政策、歴史等について各受講者は省察する。2012年時点で既に600名ほどの研修修了者がいて、ネットワークの形成も本プログラムの重要な要素となっている。

②Preparing for Senior Strategic Leadership（PSSL）は、大学の全学組織におけるリーダーシップや計画や変化に関する課題に立ち向かうためにつくられた研修プログラムである。文献を読んだり、他者と交流したりし、効率的かつ持続できる変化を実行する手段としてのイノベーションや独創力を学ぶことに重点をおいている。Unpacking Strategic Leadership という2日間集中型のモジュールと Strategic Leadership in Action というセッションのモジュールを履修する。過去5年間でイギリスとヨーロッパの90機関から193人が参加している（LFHE 2016）。

③Senior Strategic Leadership（SSL）は、大学の全学組織における戦略や変化に関する事項が学内に伝えられることを確実にする役割を担う人々のためにつくられたプログラムである。大学内のリーダーシップの雰囲気をつくる人々を対象に、動機付けを通じてゆるぎない責任を果たすことに重点を置くものである。4か月の間に、2日にわたる Strategic Leadership in a complex environment と、滞在型の Strategic engagement という2つのモジュールを履修する。④Head of Department（HoD）は、デパートメントの長など、教育・研究の運用上の課題に直面する人々を支援する研修プログラムである。大学が直面する課題をもとに、自分のリーダーシップのスタイルを探究し、葛藤と変化のマネジメントを理解するための診断ツールを用いるなど、対話式の

研修プログラムとなっている。⑤ Introduction to Head of Department（IHoD）は、デパートメントの長の現代事情と課題を通して、最初の何か月を生き残るスキルを与えてくれる短い新任（予定者）向けのプログラムである。ケーススタディ、診断、個人と小集団での活動を行う。もともと 2006 年 3 月よりスコットランド地方でのみ提供してきたプログラムを、全英レベルで提供するようになった。⑥ Aspiring Registrars Programme（ARP）は、将来のレジストラー、あるいは大学の管理運営側の長（head of university administration）、大学事務局長（university secretary）、チーフ・オペレィテイング・オフィサー（chief operating officer）と呼ばれる上級レベルのリーダーの能力開発に力点を置いている。政策や戦略を効果的な日常のオペレーションへと形にする管理運営の中枢の役割を担うために必要とされる能力を育成する。こうしたリーダーは政策や戦略を運用上の成果に変容させる役割を将来果たすことが求められる。そのため成功に必要とされる能力の独自の組み合わせ、とりわけ組織のトップにおける複雑な関係を確かめて最良の進路を決めることができる能力を育成することに集中する研修プログラムである。

⑦ Future Leaders Programme（FLP）は、図書館、ICT、財務、調達、学生支援といった部門で経験を積んだ専門職が、理解力やリーダーシップの力を高め、潜在能力を開発する機会を提供するものである。このプログラムは、SCONUL, UCISA, THE British Library と協働して開発されてきた[10]。最近では、BUFDG, AMOSSHE とも連携している[11]。

2016 年度においても、表 6 - 2 中の①の Top Management Programme（TMP）、② Preparing for Senior Strategic Leadership（PSSL）、⑤Introduction to Head of Department、⑥の Aspiring Registrars Programme（ARP）は、継続して実施されている。③ Senior Strategic Leadership（SSL）はStrategic Leadership Programme、④ Head of Department（HoD）は、Leading Departments（LDs）、⑦ Future Leaders Programme（FLP）は Future Professional Directors（FPD）という名称に改訂され、提供されている[12]。各研修プログラムの内容は高等教育を取り巻く事情の変化に合わせるとともに、プログラム修了者からのフィードバックを反映させ改善が試みられている。

いずれも基本的な知識の獲得、参加者同士のグループ活動、参加者と上級レベルのリーダー経験者との意見交換を取り入れ、具体的な施策を提言できるようにすることと、自己省察を行う方法を多く用いている。

5．高等教育リーダーシップ財団の多様化する研修

2016年時点ではさらに他のいくつかの研修プログラムがリーダーシップ財団より次のように提供されている。

Executive Leadersは、約7か月にわたる上級レベルの管理職あるいは執行部の一員となる人向けの研修プログラムである。オンライン教育の環境を整えてあり、3回のワークショップから成り立つ80時間の研修プログラムである。参加者は週に1から3時間ほどを研修に費やすことが望まれる。最初に、直面する課題、現在の戦略、次の役割への希望をプログラム・ディレクターが電話で1時間ほど聞き取る。その後は、オンラインで提供されるモジュールをこなしながら、ワークショップに備える。

Transition to Leadershipは、個人、チーム、組織のリーダーシップのスキルを身に付けたリーダーを目指す人のためのオンラインと対面の両方を用いた研修プログラムである。オンラインでIntroduction 2.5時間、対面でPersonal leadership 6時間、オンラインでLeading teams 6時間、対面でLeading teams 6時間、オンラインでPeer learning groups and projects 5時間、対面でLeading change 6時間、オンラインでEvaluation and impactという順番で学ぶ。

Introduction to Higher Educationは、高等教育セクター以外から初めて高等教育機関に入職した専門職向け、あるいは長きにわたり高等教育の世界から離れていた専門職向けに提供されている。Today's Universities: Today's IssuesとTomorrow's Universities: Tomorrow's Challengesの2つのモジュールから成る。2つのセミナーの受講を通して、高等教育に影響を及ぼす事柄に関する幅広い知見を得ることができる。

Leading Transformation in Learning and Teachingは、リーダーシップ財団と

Higher Education Academy とが連携してつくったリーダーシップ・プログラムである[13]。コース・ディレクターや教育学習のアソシエート・ディーンとしての能力開発を望む人向けで、受講料は全部で1995ポンド〜2495ポンド（1ポンドを約140円で換算すると，279万円〜349万円）である。

　Research Programmes とは、研究に携わる専門職や教員のリーダーシップのスキルを開発するためのプログラムである。1つは Research Team Leadership (RTL) ともう1つは Leading Research Leaders (LRL) で、いずれも2日間のプログラムである。前者は限られた時間と資源で研究を遂行する研究チームのリーダーとしての個人のスキルを開発すること、後者は他の研究チームのリーダー達を導き研究プロジェクトのリーダーとしてのスキルを開発することを主な目的としている。

　加えて、非教学部門の事務職を対象とした Clerks and Secretaries Professional Development and Leadership Programme、女性を対象とした Women-only Programms も開設されている。さらに2017年度には新しい研修プログラムも企画されている（LFHE 2016）。Global Leadership Programme for Higher Education は2016年の新しい国際的なリーダーシップ・プログラムである。受講者がそれぞれの大学における国際戦略を効果的に実行し、上級レベルのマネジャーとしての役割を果たすスキルを身に付ける交流プログラムである。参加者はオンライン教育の他に、国外の大学でコーチングを受けたり、グループ活動を行ったりする。また、マイノリティのスタッフがリーダーとしての役割を最初に果たすための、Diversifying Leadership というプログラムが2016年9月から2017年5月にかけて予定されている。Committee of University Chairs (CUC) の先導により2005年に開始したガバナー（総督）たちとのネットワーク形成や支援に加え、能力開発を行う Governor Development Programme というプログラムも2016から2017年にかけて提供される予定である。

　こうしたプログラムやイベントはリーダーシップ財団を運営していく上での、大きな財源となっており、予算全体の約6割を研修プログラムから得ていることになる。残り4割のうち約2割が政府からの補助金、約2割が会員

校から会費である。

おわりに

　本章では AUA とリーダーシップ財団における現職の管理運営職向けの研修プログラムを中心に見てきた。AUA は特定の領域の職種や職階に限定せず、広くイギリスの大学職員である会員を対象にした、会員同士が切磋琢磨する研修プログラムである。実施主体も参加者も職員であるが、サーティフィケートを出すのはオープン・ユニバーシティであった。そして、修士課程での継続学習も推奨されている。一方、リーダーシップ財団は職階別に、そして担当の領域別に教員と職員の両方の身分の管理運営専門職を育成する様々な研修プログラムを提供しているが、いずれもサーティフィケートは授与していない。研修プログラムの受講料の大部分は参加者の所属大学が負担しており、とりわけ旗艦となる研修プログラムであるトップマネジメント層の人材育成の受講料はかなり高額である。またイギリスを宗主国としてきた他の国・地域の大学関係者もリーダーシップ財団の研修プログラムに参加する等、受講対象者の幅を広げている。背景には、提供する研修プログラムの受講料がリーダーシップ財団の財源の 6 割を占めるからであろう[13]。とはいえ、会員校はイギリスの大学であり、イギリスの大学経営に資する人材の育成が第一義的に求められていることに変わりはない。

　AUA とリーダーシップ財団の両者の研修プログラムに共通していることは、オンライン教育を導入しつつも、短期間とはいえ一堂に会しての討論を通じて経営幹部の現職者あるいは経験者からの助言を得る、人的ネットワークを形成することを重んじていることである。どちらも参加者同士のグループ活動、参加者と上級レベルのリーダー経験者との意見交換を取り入れ、具体的な施策を提言したり判断したりできるようになること、その前提として自己省察を行う手法が多く用いられている。

註

1 AUAの性質が日本の大学行政管理学会に類似するため、大学行政管理学会と訳出することも考えたが、混同を防ぐために英語のまま表記する。AUAは、マンチェスター大学の事務局長（Registrar）を中心とした少人数の集まりから始まった団体とも言われ、マンチェスター大学の建物内に事務局本部があり、全英に180の支局があるとされる。
2 大学行政管理学会（JUAM）は発足当初の入会対象者は管理的な役職にある職員のみであった。
3 IMUAの年次大会への参加者はイギリスを宗主国としていた地域・国の大学職員が多い。
4 イギリス大学協会（UUK）はイギリスの大学の副学長たちを会員とする活動団である。ギルドHE（GuildHE）の前身は、高等教育機関にあたる校長たちを会員とする常設協議会（Standing Conference of Principals, SCOP）であった。
5 オープン・ユニバーシティとは1969年に設立された通信制の大学で、だれでも入学できる。
6 UCASは"Universities and Colleges Admissions Service"の略。イギリスの大学の入学志願を統一的に受け付ける機関である。1992年に"Universities Central Council on Admissions（UCCA）"と"Polytechnics Central Admissions System（PCAS）"の統合により設置された。GTTRは"Graduate Teaching TrainingRegistry"の略で、教員養成コースへの出願を受け付ける機関である。CUKASは"Conservatoires UK Admissions Service"の略で、コンセルバトワール、すなわち音楽、美術、演劇の大学・学校の入学志願を受け付ける機関である。
7 1ポンドを約180円で換算すると（2013年10月に高等教育リーダーシップ財団を訪問した頃のレート）、約252万円になる。リーダーシップ高等教育財団Director of International Projectsの Mr. Lock, David J.に2013年10月31日にロンドン市内の財団のオフィスにてインタビューを実施。オフィスのスタッフは約30名である。Mr.Lockはキングストン大学（前身はキングストン・ポリテクニック）のProf. Middlehurst, Robinの紹介。
8 リーダーシップ高等教育財団Director of International Projectsの Mr. Lock,David J.に2013年10月31日にインタビューを実施。
9 360度評価"360 degree appraisal"とは、一般的な上司と部下の評価ではなく、被評価者の上司、部下、同僚、顧客といったステイクホルダーのよる多面的な評価のことである。
10 "SCONUL"は"Society of College, National University Libraries"の略称、"UCISA"は"Universities and Colleges Information Systems Association"の略称である。
11 "BUFDG"は"British Universities Finance Directors Group"の略称、"AMOSSHE"は"Association of Managers of Student Service in Higher Education"の略称である。
12 Strategic Leadership Programme（SLP）は、はじめていくつかの組織を横断する責務を担うリーダーになる人のためにつくられており、2016年時点ですでに386人が修了済みである（LFHE 2016）。また、Leading Department（LDs）は、モジュール1では、人々とパワーについて扱い、パフォーマンス・マネジメント、問題解決、組織の中での自分の立ち位置について考え、8週間後のモジュール2では、ライン・マネジメントの外への影響や継続的な計画といったマネジメントについて学ぶ（LFHE 2016）。
13 Higher Education Academyは、高等教育機関における教育の質の向上を図るための機

関である。

参考文献

AUA, 2012, *AUA - Programme Overview*, Association of University Administrators. (http://www.aua.ac.uk/pgcert-2-Programme-Overview.html　2012年6月30日参照)。

AUA, 2013, *The history of the AUA*, Association of University Administrators. (http://www.aua.ac.uk/About.aspx　2013年8月6日参照)。

LFHE, 2013, Leadership Foundation for Higher Education. (http://www.lfhe.ac.uk/en/general/index.cfm 2013年9月26日参照)。

LFHE, 2016, Leadership Foundation for Higher Education. (http://www.lfhe.ac.uk/en/programmes-events/programmes 2016年7月24日参照)。

市川園子、2004、「第11回AUA年次総会に参加して」『大学行政管理学会誌　第7号』157-163。

鏡味徹也、2005、「AUA年次総会から国際シンポジウムへ－日本の大学アドミニストレーターの国際化に向けて－」『大学行政管理学会誌　第9号』119-127。

片岡龍之・加藤明子、2009、「英国の高等教育の現状と今後、そして日本の大学への示唆－AUA総会参加報告－」『大学行政管理学会誌　第12号』199-204。

萱間隆夫、2014「2013年度AUA Association of University Administrators 総会・研究会参加報告」『大学行政管理学会誌　第17号』103-108。

栗林健太、2012、「2011年度AUA年次総会参加報告：英国における学生定員数と留学生授業料の関係性について」『大学行政管理学会誌　第15号』127-134。

栗林知美、2010、「英国の大学職員育成のフレームワーク：2009年度AUA年次総会参加報告」『大学行政管理学会誌　第13号』217-222。

気仙勇子、2004、「AUA総会参加報告－The Future of Higher Education 紹介－」『大学行政管理学会誌　第7号』165-170。

高野篤子、2004、「IMUA 15th に参加して－大学の商業化と職業主義」『大学行政管理学会誌　第8号』127-131。

中村和彦、2012、「AUA年次総会・研究集会報告－年次総会・研究集会の概況とオーストラリアの学生サービス－」『大学行政管理学会誌　第15号』135-140。

中山勝博、2007、「AUA (The Association of University Administrators) Annual Conference and Exhibition 10-12 April, 2006　参加報告－スタッフ養成取り組みの一視座　AUA参加研修機会を通じて－」『大学行政管理学会誌　第10号』213-217。

林透、2009、「IMUA2008参加報告」『大学行政管理学会誌　第12号』205-212.

久志敦男、2013、「英国大学職員の現状と未来～2012年AUA年次総会参加から見えてきたもの～」『大学行政管理学会誌　第16号』119-126。

日高さつき、2014、「2013年度AUA年次総会・研究会ならびに英国高等教育の動向に透いて」『大学行政管理学会誌　第17号』109-118。

余田勝彦、2011、「2010年度AUA年次総会参加報告」『大学行政管理学会誌　第14号』177-181。

第7章
個別の大学内における研修プログラム

はじめに
1．オックスフォード大学における学内研修プログラム
2．他の大学における学内研修プログラム
3．人事管理部門の研修担当者たち
4．学内研修と専門職業的団体
おわりに
註
参考文献

はじめに

　日本では2017年4月より教員と職員の両者を対象としたスタッフ・ディベロップメントが義務化される。各大学における管理運営に携わる者の研修の計画・体制の整備および充実がいっそう求められているわけであるが、果たしてイギリスの各大学における教職員の能力開発はどのように行われているのであろうか。

　前章では、2つの大学の関連団体が主催する大学間横断的な研修プログラムを中心に取り上げたが、本章では、イギリスの複数の大学の人事の関係者や団体の関係者に現地で話を聞くこと等を通して、まずオックスフォード大学をはじめとする個別の大学内における教職員の能力開発の制度や内容について論じる。続けて、研修を担当する専門職の特徴、専門職業的団体における研修との関係について考察する。どうやら、イギリスでは、各大学において研修を担当する人事部門の職員の専門職化が日本より進化し、教職員の能力開発の機会が体系的に整えられているようである。

1. オックスフォード大学における学内研修プログラム

　オックスフォード大学には、独立し、自治が行われている38のカレッジがある (University of Oxford 2012a)。各カレッジが学生および働く職員を選抜し、副学長へ報告し、就学および就業させるシステムとなっている (Goss 2012)。オックスフォード大学は学長 chancellor、副学長 vice-chancellor の下に5名の副学長補佐 pro-vice-chancellor と、学内の特定の行政事務を担当しない8名の副学長補佐 pro-vice-chancellor without portfolio がいる (University of Oxford 2012b)。レジストラーには教授が就任し、アカデミックな部門の長 head of academic division として、人文科学、数理・自然・生命科学、医学、社会科学、継続教育の5つディヴィジョンから1名ずつ、5名の教授が就任している (University of Oxford 2012b)。本節は、オックスフォード大学の社会科学のディヴィジョンの長 Head of Social Science Division の Prof. Goodman,

Rogerと、Pro-Vice-Chancellor (Personnel & Equality) 兼 Oxford Learning InstituteのDirectorのDr. Goss, Stephen、そして Oxford Learning Institute 兼 Department of EducationのResearch FellowであるDr. Quinlan, Kathleen Mに2012年10月18日のオックスフォードにてインタビューした際に入手した資料およびウェッブサイトで得たデータをもとに論じる。

　オックスフォード・ラーニング・インスティテュート（Oxford Learning Institute）は中央のアドミニストレーションの組織の一つであり、スタッフは22名ほどおり、オックスフォード大学の全教職員のキャリア支援、すなわち学内研修の実施、健康の支援を行っている。Personnel & Equality担当の副学長補佐がこのラーニング・インスティテュートのディレクターでもある。学内の教職員向けの職能開発に関する研修プログラムの年間予算は約140万ポンド（1ポンド180円換算で、約2億5,200万円）で、実質的に3人のスタッフで、参加費無料の様々なプログラムを企画・調整し提供している（Goss 2012）。研修を管理運営するスタッフは少人数とはいえ、**表7－1**のように教職員の職能開発の研修コースや研修プログラムはテーマや受講対象者ごとに充実している（Oxford Learning Institute　2012a）。

　表7－1のほとんどのコースは2～3時間、もしくは半日の完結型のセッションである。まれに1日、もしくは短い連続したセッションもある。特に質保証の認証の業務を担う人々は構造化されたプログラム形態を受講することもある。プログラムは個人学習の形式で専念することを参加者に求めており、個人での学習にはオンライン上の作業やメンタリングも含まれる。

　表7－1には新任の教職員を対象とした研修が含まれており、**表7－2**は表7－1の中から新人向けの研修を取り出して、まとめたものである。新任者研修は表7－2の通り、教育・研究を主に担う教員と、管理運営を主に担う職員とでは異なる。オックスフォード大学では、管理運営の支援、教学関連の業務を行うエントリーレベルの職員には、大学の歴史、図書館サービス、財務会計に関するコースが提供されている。

表7-1 オックスフォード大学ラーニング・インスティテュートの教職員向け研修

学習／教育
Introduction to academic practice
Supervising DPhil students
Designing courses
Programmes
Developing learning and teaching
Teaching fellowship preparation (for Humanities and Social Sciences)
Teaching fellowship preparation (for MPLS and Medical Sciences)
Postgraduate diploma in learning and teaching in higher education
Admissions training
Undergraduate admissions (online course)
Admissions interviewing practice
Graduate admissions (online course)
リーダーシップ／マネジメント
Thinking about management
Managing people (online: for new managers)
Managing for diversity (online with seminars)
Introduction to project management
Handling conflict (two-session course)
Working with systems thinking (six-session course)
Equality & diversity (online course)
Programmes
Introductory certificatioe in management
Developing leadership & managemnet practice
Induction for heads of depts & faculty board chairs
人事
Recruitment and selection (online course)
Selection interviewing
Personnel training
研究者／研究支援
Researchers
Welcome event for research staff
Career management for research staff
Too late to change direction? A career change workshop for research staff
To PhD or not to PhD? A career pathways workshop for research assistants
Job search, C.V. and interview skills
Job search and C.V. and cover letter skills for research staff

Interview skills for research staff
Principal investigators' programme
Research support
Introduction to research administration at Oxford
Supporting research grant applications
Research contracts
Financial management of research awards
Personnel administration on research awards
自己啓発
Coping with complexity (a framework for coping with the duties of academic practice)
Academic leadership development
Managing yourself
Assertiveness (two-session course)
Building your networking community
Contributing effectively to meetings
Emotions at work
Giving and receiving feedback for non-managers
Giving and receiving feedback for managers
Managing stress for managers
Managing upwards for non-managers
Managing upwards for managers
Managing your response to change
Personal development planning
Time Managemnet for academic and research staff
Time Managemnet for managers
Time Managemnet for support staff
Planning your retirement
English for work (four-session course for non-native speakers)
女性
Programmes
Springboard (takes about 3 months)
Ad feminam (runs for the year)
Academic leadership development
対人コミュニケーション
Listening skills (two-session course)
Running effective meetings
Presentation skills
書面によるコミュニケーション
Minutes and agendas
Proof reading

＊ Oxford Learning Institute, 2012b, Courses and Programmes 2012/13, University of Oxford. を基に作成。

表7-2　オックスフォード大学ラーニング・インスティテュートの新人向け研修

新人
Academic and research staff
Introduction to academic practice at Oxford
Undergraduate admissions (online course)
Admissions interviewing practice
Welcome event for research staff
Support and academic-related staff
History of the university
Introduction to University Library Services
Introduction to finence

＊ Oxford Learning Institute, 2012b, Courses and Programmes 2012/13, University of Oxford. を基に作成。

表7-3　マネジメント／リーダーシップ能力開発の戦略的枠組みのレベルと対象者

レベル	マネジメント／リーダーシップにおけるキャリア・パス	
	研究職・職員	管理運営・技術・専門職
1	研究職	上級レベルの事務職・技術職、財務・IT・図書等の下級レベルの教学関連職
2	第一線のライン・マネジャー	
3	研究グループのリーダー	大学執行部のデパートメントやディヴィジョンのアドミニストレーターやマネジャー
	女性や少数民族	スタッフの配属等の責任者
4	新任のデパートメントの長	上級レベルのアドミニストレーター
5	最上級レベルの職	

＊ Oxford Learning Institute, 2012c, "Management and Leadership Development Strategy Framework," University of Oxford. を基に作成。

　さらにラーニング・インスティテュートの2010-11年の報告書によると、こうした管理運営の職能開発に関しては、"Professional Development" として、**表7-3**の通り5つのレベルの枠組みが基準として設定され整備されている（Oxford Learning Institute 2012b）。1つ目のレベルは、管理運営の責

務を果たす予定の非教学スタッフを対象とした "Preparation for management and leadership at Oxford"、2つ目は第一線の管理運営の役割を担う人を対象とした "Introduction to management and leadership at Oxford"、3つ目は1つ以上のグループもしくはプロジェクトを管轄するマネジャーを対象とした "Developing management and leadership at Oxford"、4つ目はデパートメントや教授会の新しい長を対象とした教員の "Senior leadership at Oxford"、5つ目は副学長への報告を行うサービスやスタッフの長を対象とした "Strategic leadership at Oxford" と称されている。つまりラーニング・インスティテュートが提供する数多くのコースやプログラムは、「マネジメント／リーダーシップ能力開発の戦略的枠組み」に基づいた職責・職階に応じた研修が組み込まれているのである。

例えば、レベル2の事務職・技術職および研究チーム等の第一線のライン管理者向けの研修プログラムとして、"Introductory certificate in Management" が開設されている。この研修プログラムは、オックスフォードの環境やマネジメントの知識といった最初のラインマネジメントの役割に有用なスキルを参加者たちに紹介するために作られている（Oxford Learning Institute 2012d）。アウトカムは、大学の組織がどのように動いているのかを広く理解し、業務の達成や能力開発の支援において他者とよい関係を築き維持できるスキルを身に付けることとなっている（Oxford Learning Institute 2012d）。

構成は、4つのワークショップとワークショップの前もしくは合間に5つのオンラインのモジュールが設定されている。参加者には案内や支援を行うチューターが割り当てられる。最初と最後のワークショップは昼に終わり、2つ目と3つ目のワークショップは終日かかる。参加者はすべてに参加しなければならず、最終的に5,000字程度の written assignment を提出し、Chartered Management Institute によって採点・評価される[1]。オンラインの課題とチューターによる課題のフィードバックを得て、参加者は最終課題へと進む。各モジュールを完了する時間は参加者の経験や知識によって異なるが、6〜8日ですべてを終えることができるよう設定されている。管理運営の仕事に関わっているオックスフォード大学の職員を対象としたこの研修プログ

ラムの定員は24名である。自分の所属するラインマネジャー／スーパーバイザーの支援が得られ、ワークショップに参加する時間がとれることに加えて、学んだ実践的なスキルを活かせることが参加の条件である。

表7－3の「マネジメント／リーダーシップ能力開発の戦略的枠組み」におけるレベル4の上級レベルのアドミニストレーターには、正規のプログラムはなく、一人一人に合わせた360度評価を行っている。さらにレベル5の最上級職に関しても、1対1のコーチングやオリエンテーション、もしくは学外の研修プログラムへ参加する機会が用意されている。総じて、管理運営のポジションの人向けには、人事管理、財務、計画・立案・資源配分に関する知識や情報の獲得が研修プログラムの内容に含まれているようである。

さらに、ラーニング・インスティテュートでは、事務職や補助職を対象とした個人の能力開発 "Personal development review" や技術職を対象とした訓練 "Training and apprenticeships for technical support staff" 等の他に、研究グループで成功するために必要となるリーダーシップとマネジメントのスキルを身に付けられるプログラムを教員にも無償で提供している。また約3,400人の研究スタッフのために "Career Development for Researchers" の各種研修が無償で用意されている。研修プログラムの成果として、研究を主たる職務とする教員／研究員たちが修了後にキャリア・アップしたり、キャリア・チェンジをしたり、他大学へ移ったりしていく。他大学へ移る人たちのために無料で研修を提供する結果となることについて、オックスフォード大学は実に寛大なのである。つまり、3～5年の任期付き雇用契約の若い研究者も多く、無論そういう人たちにもラーニング・インスティテュートの研修プログラムを提供しており、それで他大学に仕事を見つける手助けができればよいという考え方なのである。

2．他の大学における学内研修プログラム

個別の大学内における教職員の能力開発の機会が充実しているのはオックスフォード大学だけではない。イギリスでは他の大学でも、それぞれの人材

育成の方針や枠組みに基づいてFD/SDの体制は整えられている。

　例えば、バース大学におけるスタッフ・ディベロップメントは4人のスタッフで行っている[2]。大学全体の教職員は2,500人くらいで、研修プログラムの参加案内はHead of Staff DevelopmentのDr. Inger, Simonが一人一人にメールを送る等で紹介している。それぞれの職にあった研修を推奨している。したがって現業職であるmanual staffにも、効率的で安全な荷物の運び方といった研修プログラムも提供している。参加費は無料である。バース大学では第5章で取り上げたように管理運営のプロフェッショナルを養成する博士課程がある。こうした学内の大学院課程で学ぶ場合は、授業料・学費の25％が減額される。学内のスタッフの異動は空きがでたら、その都度募集している。教員出身者が就くポストと職員出身者が就くポストがあり、下位から上位の職階に移る場合もあれば、地域の非営利団体といった学外あるいは他大学から来る人もいる。教員は兼務で副学長から打診されてdeanやdirectorになり、任期がきれると元の教員に戻るか、さらに上位の職階につく人もいる。バース大学には包括的な大学職員の団体であるAUAの会員が12人おり、学外における研修の機会を活用する場合もある。

　AUAの事務局があるマンチェスター大学も人事部門による教職員への支援が充実している（Staff Training and Development Unit 2012）。ネットにて学内における研修リストとして、約190のコースをアルファベット順に紹介している。コースのタイトルは「アカデミック・アドヴァイズメント」、「広告文案作成」、「大学院生のティーチング・アシスタントの訓練」、「プロジェクト・マネジャー入門」、「ライン・マネジャーのためのコーチング」、「神経言語学プログラミング入門」、「マニュアルの取り扱い」、「パワーポイントの基礎」、「学生募集と選抜」、「研究者からマネジメントへ」、「リスク・マネジメントのワークショップ」等と様々である。

　1992年以降に大学に昇格した新大学（post1992）の1つであるオックスフォード・ブルックス大学のスタッフ＆ラーニング・ディベロップメント・センター（Oxford Centre for Staff and Learning Development）は、年間200ほどのコースを提供している（OCSLD 2014）。スタッフは約20人で、イギリスでも

規模の大きい教職員の職能開発センターの一つである。コンサルタント／チューターが職能開発のイベントや、コースおよびプログラムを利用者とともに計画を立てるコーチングやメンタリングを実施している。また、4〜6週間のオンライン・コースも提供されており、イギリス国内と国外の出身者をミックスした8〜20人の参加者が1グループとなる方法が用いられている。以前の参加者からのメールやテキストが個別に配布され、チューターや他の参加者と協力的に活動を進めていくことが個々の参加者に求められる。他には360度評価も用いられている。Brookes leadership capabilities model により、教職員は鍵となる強みや能力開発する領域を検討し、上級、中級といった職階別の研修に参加する (OCSLD 2016)。

3．人事管理部門の研修担当者たち

個々の大学において各々の人材育成の方針や枠組みのもとに、様々な研修プログラムが受講料無料で提供されていることが分かった。それではそうした研修プログラムを管理する人事部門の担当者たちはどのような専門職なのであろう。

オックスフォード大学のプロバイスチャンセラーの Dr. Goss, Stephen は、臨床ではない医学系の教員から、上級レベルのマネジメントのポジションに就いており、教員から役職者になった日本の大学の教員のイメージに近い。ラーニング・インスティテュートのディレクターに就任してから共に仕事をするのは全員アドミニストレーターであり、大学の専門職には人々の能力開発を学術的にリードしていくことを求めている。ラーニング・インスティテュートの研修担当の Dr. Quinlan, Kathleen M はアメリカ出身で、スタンフォード大学から教育学で Ph.D. を取得している。上級レベルの教員と協働するにはオックスフォード大学では Ph.D. が必要とされ、彼女自身は大学院博士課程在学中から教育と学習に興味をもち、オーストラリアの大学やアメリカのコンサルティングの会社での職務経験を有する。Dr. Quinlan は教育学科の研究員でもあり、"Postgraduate Diploma in Learning and Teaching in Higher

Education"（高等教育資格課程）といった教育力を身に付けるワークショップのチューターもしている。すなわち現在は教育と学習のスキルを教える研修の教員として勤務する雇用契約があるが、教学のスタッフではなく、いわゆる教学関連 "academic related" スタッフである。イギリスの人事担当専門職の団体（CIPID）の会員でもある。

　バース大学のディレクターの Dr. Inger, Simon は科学者で、かつてはアカデミック・スタッフであった。現在は人事担当専門職の団体（CIPID）に入っており、配偶者はブリストル大学の教員である。Dr. Inger によると、新大学（post 1992）の職員の方が学位や資格をもっていると、旧大学（pre 1992）より基準が緩やかで昇進の可能性が速くて高いとのことであった。また、マンチェスター大学の教職員の訓練・能力開発部門のマネジャーである Mr. Dixon, Paul も人事部門での職業経験の他に、人事管理の専門・専攻で MSc と、社会政策の専門・専攻で MA を有している（Directorate of Human Resources 2012）。さらに、人事担当専門職の団体（CIPID）の会員であり、Staff Development Forum という団体の会員でもあった[3]。他に、ロンドン大学の Head of the Staff Development の Ms. MacDonald,、Jacqui も MSc を有し、人事担当専門職の団体（CIPID）の会員であった。

4．学内研修と専門職業的団体

　前節の人事担当の専門職たちは博士号や修士号を持ち、その多くが所属しているのが Chartered Institute of Personnel and Development（CIPD）である。第6章で包括的な大学職員の団体である AUA について扱ったが、イギリスでは当該領域の法律に精通している必要性からも産官学を横断する人事や財務・会計担当者の専門職団体が存在する。CIPD は高等教育機関に限らず産業界を含む人事担当者向けの団体で、会員数は1万3,500人にのぼり、ヨーロッパで最大規模のネットワークをもつ（CIPD 2012）。職業的資格が重んじられているために、人事担当者たちは CIPD で自己研鑽を積むわけであるが、大学における人事担当専門職のポジションは教学に密接に関連するポジショ

ンであるため、修士号や博士号を持つ者が増えつつある。

会計士や会計担当者向けの団体としては Consultative Committee of Accountancy Bodies（CCAB）が存在する（CCAB 2012）。CCAB の会員数は全体で23万6,000人にのぼり、ICAEW, ACCA, CIPFA, ICAS, Chartered Accountants Ireland の5組織から成る。教育訓練は個々の組織の問題であり、CCAB として職能開発の教育プログラムの提供はしていないという。

イギリスでは2004年に成立した高等教育法にもとづき、フェア・アクセス庁（Office for Fair Access、以下 OFFA）と独立審査庁（Office of the Independent Adjudicator、以下 OIA）という2つの機関が誕生している。どちらも学生支援に重点を置いた機関である。OFFA は、人々の高等教育へのアクセスが経済的理由により抑止されないように、さらに大学側がこれまで高等教育を受ける機会に恵まれなかった人々に門戸を開放することに尽力するように、と創設された。この組織はディレクターと14人のスタッフで構成され、ディレクターはビジネス・イノベーション・スキルズ省によって任命される（OFFA 2014）。現在のディレクター、Dr.Ebdon, Les の専門は分析化学で、プリマス大学のリーダー、ルートン大学とベッドフォードシア大学の副学長の経験者である（OFFA 2014）。一方、OIA は、学生からの苦情を扱う独立した機関である。イングランド地方とウェールズ地方の大学に対する学生からの個々の苦情・申し立てを再審査する。ただし、大学を罰したり、科料に処したりする権限はもたない（OIA 2014）。メンバーは Association of Heads of University Administration、Committee of University Chairs、GuildHE、Higher Education Wales、National Union of Students、Universities UK の6つの団体である（OIA 2014）。イングランドとウェールズのすべての大学が出資している（OIA 2014）。

こうした学生を支援する公的な機関の成立に加えて、個別大学における学生支援の部門の果たす役割の大きさは近年いっそう増している。学生支援のリーダーを養成する団体としては AMOSSHE、The Student Services Organization が存在する（AMOSSHE 2012）。大学が会員となっているが、政府の関係者も大会に参加し、学生支援の政策についての情報を得ることをして

いる。大学は異なっても抱えている課題は同じで、学資援助やカウンセリングやアカデミック・アドバイジングについてセミナーを実施したり、増加する第一世代（first generation）と留学生の問題について良い実践例を互いに共有したりしている[4]。

他に、高等教育機関を対象とした専門職業的団体は多数存在する。イギリスとアイルランドのレジストラー、チーフ・オペレイティング・オフィサーといった上級レベルのマネジャーたちの代表的な団体である Association of Heads of University Administration (AHU) では、コーチングや組織的なコンサルティングを実施している（AHU 2012）。さらに、ライブラリアン、情報スペシャリスト、情報マネジャー向けの団体である Chartered Institute of Library and Information Professionals（Cilip）では、Information and Library Studies のディプロマを授与する教育プログラムを運営している（Cilip 2012）。Higher Education Liaison Officers Association（HELOA）は、学生募集、マーケティング、入学者選抜に関わる会員が増加中で、140機関、900人にのぼっている (HELOA 2012)。大学における人事、施設、会計担当の各団体、University Human Resources (UHR)、Association of University Directors of Estates (AUDE)、British University Finance Directors Group (UFDG)、Leading Human Resources in Higher Education (UHR) 等、多数ある。こうした団体へ職員を派遣し、学内研修の代替とすることも考えられる。

おわりに

イギリスの個別大学における教職員の能力開発は、現業職から管理運営の専門職、研究員、教員と、様々な職階・職種を対象に、比較的短期間かつ無料の研修プログラムが提供されていた[5]。また人事担当の専門職化が日本よりはるかに進んでいることが明らかとなった。イギリス社会において人事や財務の担当といった専門職は、勤務先（所属先）が変わっても同じ仕事を続けるようであり、つまり垂直的に昇進・異動をしていく。CIPD や CCAB のように、大学といった高等教育の業界のみならず企業等の様々な業界の専門

職を会員とする団体もある。逆にAUDEやHELOAやUHRのように高等教育機関の専門職のみを会員とする団体もある[6]。学生支援の専門職集団はイギリスでは、まだアメリカの大学のような形態に確立していないため、学生の管理を扱う高等教育プログラム、すなわち高等教育を専門・専攻とする大学院課程がイギリスにはあまり無いのである。学生支援担当や国際交流担当の領域は、異動して就く場合もあるし、担当の職を変える場合もあるという。それでも、第3章で見た通り、高等教育を専門・専攻とする大学院課程を開設する大学は20余りあり、本章の第4節の通り専門領域・職種別の団体も日本より随分と数が多い。

そもそも、イギリスの大学関係者たちの考え方をいま一度、整理しておく必要がある。イギリスの高等教育資格枠組みやモデュールは重厚な積み上げ式を呈している。イギリスの伝統的な大学では専門の学問を修め、さらに大学院における学位授与課程では専門分野における訓練を通してキャリアにむすびつくような汎用的なスキルを滋養していると言えよう。ジェネリックなスキルには、上級レベルの管理運営職に必要な文章作成能力やコミュニケーション能力、組織を上手にまとめ結果を導き出す力が含まれる。個々の大学で展開される学内研修も、職階や職種に特有のものや、ハウツー物に近いものもあるが、基礎的な能力・スキル、高等教育に関する知識、大学固有の知識、対人能力に関する内容が多いように思われる。

註

1 Chartered Management Institute (CMI) は、イギリスのマネジャーのための団体で、マネジメントとリーダーシップのディプロマを授与する研修プログラムを展開している。会員数は8万1,000人強である。
2 バース大学についてはHead of Staff DevelopmentのDr. Inger, Simonに2012年10月19日にバースにてインタビューした際に入手した資料やウェブサイトで得たデータをもとに論じる。
3 Staff Development Forum (SDF) は、2004年にリーダーシップ財団からの資金援助を受けて創設された。
4 AMOSSHEのVice ChairのMr. Hipkin, Brianにリージェンツ大学にて2014年9月11日にインタビュー。
5 ロンドン大学では申し込んでおいた研修を正当な理由もなく突然キャンセルすると、

第 7 章　個別の大学内における研修プログラム　115

研修費用を支払わなければならないそうである。Dr. Terano, Mayumi（Research Officer, Department of Learning, Curriculum and Communication, Institute of Education, University of London）に 2012 年 10 月 17 日にロンドンにてインタビュー。
6　アメリカはこうした大学に勤める専門職たちの大規模な団体がイギリスより数多く存在し充実しているようである。

参考文献

AHU, 2012, Association of Heads of University Administration,（http://www.ahua.ac.uk/ 2012 年 8 月 25 日参照）。
AMOSSHE, 2012, AMOSSHE, The Student Services Organization.（http://www.amosshe.org.uk/ 2012 年 10 月 13 日参照）。
CCAB, 2012, Consultative Committee of Accountancy Bodies.（http://www.caab.org.uk/2012 年 9 月 6 日参照）。
Cilip, 2012, Chartered Institute of Library and Information Professionals.（http://www.cilip.org.uk/ 2012 年 9 月 6 日参照）。
CIPD, 2012, Chartered Institute of Personnel and Development.（http://www.cipd.co.uk/ 2012 年 9 月 16 日参照）。
Directorate of Human Resources, 2012b, Staff Training and Development Unit, University of Manchester（http://www.staffnet.manchester.ac.uk/human-resources 2012 年 10 月 4 日参照）。
HELOA, Higher Education Liaison Officers Association.（http://www.heloa.ac.uk/ 2012 年 9 月 6 日参照）。
OCSLD, 2014, *Leadership and management*, Oxford Brookes University.（http://www.brookes ac.uk/services/ocsld/ 2014 年 4 月 25 日参照）。
OCSLD, 2016, *The Brookes leadership capabilities model,* Oxford Brookes University.（https://www.brookes.ac.uk/ocsld/your-development/ 2016 年 9 月 2 日参照）。
OFFA, 2014, Office for Fair Access.（http://www/offa.org.uk 2014 年 4 月 28 日参照）。
OIA, 2014, Office of the Independent Adjudicator.（http://www.oiahe.org.uk 2014 年 4 月 24 日参照）。
Oxford Learning Institute, 2012a, *Courses and Programmes* 2012/13, University of Oxford.
Oxford Learning Institute, 2012b, *Oxford Learning Institute: annual report for 2010-11*, University of Oxford Learning Institute, 2012, *Hilary Term 2012 illuminatio from the Oxford Learning Institute,* University of Oxford.
Oxford Learning Institute, 2012c, "Management and Leadership Development Strategy Framework, University of Oxford.（http://www.learning.ox.ac.uk/media/global/wwwadminoxacuk 2012 年 10 月 8 日参照）。
Oxford Learning Institute, 2012d, Introductory Certificate in Management, University of Oxford.（http://www.learning.ox.ac.uk/support/managers/programmes/icm/ 2012 年 10 月 8 日参照）。
Oxford Learning Institute, 2012e, Hilary Term 2012 illuminatio from the Oxford Learning Institute, University of Oxford.
SDF, 2012, Staff Development Forum.（http://sdf.ac.uk/ 2012 年 9 月 6 日参照）。

Staff Training and Development Unit, 2012, *Staff Net: Exclusively for staff at the University of Manchester, University of Manchester* (http://www.staffnet.manchester.ac.uk/employment/training/search/a-z/imdex.htm 2012 年 10 月 4 日参照)。

University of Oxford, 2012a, "The collegiate system," University of Oxford (http://www.ox.ac.uk/colleges/the_collegiate_system/inex.html 2012 年 10 月 6 日参照).

University of Oxford, 2012b, *University of Oxford in brief 2012*, University of Oxford Public Affairs Directorate.

終章

イギリスの大学経営人材の養成に関する比較的考察

はじめに
1．大学組織の構成と管理運営の専門職
2．教学側の管理運営の専門職
3．非教学側の管理運営の専門職
4，管理運営のプロフェッショナルを養成する大学院課程
5．個別大学内における研修および非学位プログラム
6．日本の大学職員の専門性と大学院課程の正当性
おわりに
註
参考文献

はじめに

　本書ではイギリスにおける大学の管理運営職とその能力開発プログラム全般について検討してきた。イギリスは大学数の増加、進学率の上昇、学生数の増加、公的資金投入の少なさ等では日本と共通点が多い。いみじくも2000年以降に大学の教職員の管理運営能力の向上への取り組みが活発化している点でも類似する。しかし、イギリスの大学はほとんどが公立セクターであるのに対して、日本は高等教育の大衆化を私立セクターが担っており、大学数も8割が私学であり、大学に入学する平均年齢もイギリスの約25歳より低い点は異なる。もっとも各国の高等教育システムは、創設者の意図、教育機関の規模や自律性、財政的支援、質の保証といった状況や環境などが絡み合って構築されるものであろう。本書では、分析の単位として一つ一つの大学を対象とするのは最適ではないと考え、できる限り近年のイギリスの全体像を網羅的に捉えることに挑んだものの、結果としてイングランド地方を中心に取り扱うこととなった。

　本章では、各章で明らかになったことを、アメリカとの比較を通して、包括的に考察する。また筆者は、大規模私立大学の卒業生であり、修士課程において高等教育論を専攻し、大学職員として私立と公立にて、教員として国立大学法人にて管理運営の職務に携わった。職員として在職しながら、大学の幹部職員を養成する日本の大学院に聴講生として通ったこともある。こうした経験を踏まえ、職員の専門職化（professionalization）と、職員の能力開発を行う大学院の正当性（legitimacy）、へのゆらぎについて検討を加え、日本の大学の教職員の在り方と職能開発の方策に関する示唆を得たい。

1．大学組織の構成と管理運営の専門職

　政府関連の統計資料によると、イギリス、アメリカの大学における教職員の構成は**表終－1**と**表終－2**の通りである（HESA 2012, NCES 2013）。管理運営の専門職としての大学職員の占める割合は、イギリスが約28％（「管理

運営・専門・技術職」)、アメリカが約 21％（「その他の専門職」）である。いずれも現在では大学卒業程度以上の職員が専門職として遇されているようである。アメリカの大学における学長や副学長といったエグゼクティブの占める割合は約 6％、イギリスではエグゼクティブは統計上、教員に含まれている。したがって、大学院課程にて養成目的の対象となるような管理運営専門職は、アメリカ、イギリスともに大学の全教職員の 20％強を占めることになる。

表終－1　イギリスの大学の教職員の構成

2011~12 年	（人）	（％）
教学職		
教員	118,120	47
非教学職		
管理運営・専門・技術職	70,475	28
事務職	43,060	17
現業職	19,665	8
計	251,320	100

＊ Higher Education Statistics Agency（2012）の資料を基に作成。

表終－2　アメリカの大学の教職員の構成

2011 年	（人）	（％）
専門職		
エグゼクティブ	238,718	6
教員	1,523,615	40
大学院生助手	355,916	9
その他の専門職	805,712	21
非専門職	917,019	24
計	3,840,980	100

＊ National Center for Education Statistics（2013）の資料を基に作成。

2．教学側の管理運営の専門職

　イギリスもアメリカも日本と同様に大学の組織構造は教学（教員）側と非教学（職員）側に大きく分かれている。イギリスでは教学側は、大学院博士課程修了後に講師となり、後に終身雇用の教員としてリーダーや教授、そしてディーンや副学長補佐といった管理運営職になっていく。上級レベルの管理運営の仕事に携わる道を選択し、大学間を横断し活躍する教員も出始めている。つまり、トップマネジメントのポジションの専門職化が特に1992年以降に大学に昇格した新大学において進行していると思われる。2010年のブラウン報告以降、新任教員にはEducational Development（日本の大学におけるFaculty Development）が必須となり、教育力を証明するサーティフィケート（修了書）を得る若手の教員が増加した。上級レベルの管理運営職になる際には、学内における研修や高等教育リーダーシップ財団の研修が用意されている。

　アメリカでも教学側は、博士課程修了後に、講師、助教授、終身在職権（テニュア）を持つ准教授、教授、そして副学長といったトップマネジメントの一員へと昇進していく。ワークショップやセミナーに参加することにより、管理運営のスキルを磨いていく。英米とも教授になるには、大学の使命である教育・研究にコミットする能力が必要であることは言うまでもない。無論、実務の経験、時には修羅場をくぐり抜ける経験が、大学の教学側のトップにとって最も大切であることは言うまでもない。アメリカでは、教授から上級レベルの管理運営の専門職として大学間を異動するキャリアの経路がより強固に出来上がっている。

　続いて、上級レベルの管理運営職を輩出する層について考えてみる。表終－1の通りイギリスの大学における構成員の割合は、教学職・教員と非教学職・職員に大きく分かれている点において、日本で毎年行われている学校基本調査の区分に似ている（**表終－3**）。ただし、日本における医療系の職員とは附属病院等の業務に従事する教員ではない医師、看護師、薬剤師、放射線技師、歯科衛生士等であり、突出して数字が高くなっている。表終－1の

表終-3　日本の大学の教職員の構成

2011年	（人）	（％）
教員	176,684	46
職員		
事務系	78,796	20
技術技能系	9,195	2
医療系	113,204	30
教務系	4,765	1
その他	4,179	1
計	386,823	100

＊学校基本調査（文部科学省　2011）を基に作成。

　イギリスの教員には学長や副学長らが含まれ、大学の構成員の約47％を占めるのは教員である。一方、アメリカは政府の統計上の大学の構成員の割合を表した表終-2の通り、アメリカの大学の構成員の約40％が教員、約6％がエグゼクティブである。アメリカの大学のエグゼクティブには学長、副学長、ディーン等が含まれるため、実際に教員の占める割合は46％近くになる。つまり、日英米の3か国ともに教員の割合は46～47％と半数弱となる（表終-3参照）。そしてイギリスで"professor（教授）"、アメリカで"full professor（正教授）"とされる教授層は、学長や副学長といった将来の幹部候補を蓄える層である。管理運営の中枢を担うのは日英米とも一般的には教授出身者であり、とりわけアメリカでは自ら積極的に選択して"senior management team（経営陣）"に加わっていく。

　その教授が教員層の中で占める割合は、2011年度時点でイギリスが約11％、アメリカが約24％、日本が約39％である（HESA 2012, NCES 2013, 文部科学省　2011）。イギリスではポリテクニックが大学に昇格してから、教授の数が著しく増加したが、それでも全教員の中で占める比率は低い。アメリカの大学は"Publish or perish.（業績を挙げよ、さもなくば消えよ。）"の文字通りテニュア・トラックにのり、教員として生き残らないと教授になれないが、それでもイギリスよりは教授になりやすいため、あまり価値のない教授という嘲笑的な意味で「アメリカン・プロフェッサー」という言葉がアングロサ

クソンの高等教育界で聞かれるという（安部 1997：52）。翻って、日本は日英米の3か国の中でもっとも教授になりやすい国であろう（安部1997）。

　換言すると、大学で雇用される構成員のうち教員の占める割合は3か国ともほぼ同じであるが、教育研究活動における厳しい競争を経て、大学経営の幹部となり得る予備軍となる教授層の厚みは3か国中最も厚いということになる。

　その日本では、2010年に東北大学が実施した「大学・短大教員のキャリア形成と能力開発に関する調査」によると、教授層の4人に1人が4割を超える労力を管理運営の仕事に費やしており、職階および年齢があがるにつれ管理運営の仕事にコミットせざるを得ない状況であることが明らかとなっている（高野 2013）[1]。とはいえ、教育研究に関連する能力とは異なり、管理運営の能力を全教員がもっているわけでもなく、また持つ必要もないと認識されてもいる。ただし複数の役職を経験した教員は自らの経験を管理運営の能力獲得には有効とみなす傾向はある。そうした教授出身者の上級レベル管理運営職たちが継続して活躍するような経路が、日本においてはアメリカやイギリスのように出来上がってはいない。また、キャリアパスの不在に加えて、先の調査ではそもそも学内外のFD等研修への参加経験自体が教員にとって必ずしも有効とはとらえられていない。とりわけ、学外のFD等研修にいたっては参加経験自体が教員の半数に満たず、ましてや大学経営に関して他流試合を行う機会も充分ではないようである。加えて、イギリスの高等教育リーダーシップ財団のようなトップマネジメント層向けの研修が充実しているわけではない。

3．非教学側の管理運営の専門職

　では、大学職員の側はどうであろう。非教学側の部門は、大学を卒業後に入職し、専門職として昇進・昇給するためには、職務経験とともに、イギリスでは修士号、アメリカでは修士号のみならず博士号が必要となりつつある。イギリスの大学における管理運営の専門職に関する厳密な定義は無

く、教学側と非教学側あるいは専門職と非専門職との区別は、アメリカと同様にわかりにくい側面をもつ。両国ともに日本の大学職員のような大学内で部署を異動するジョブ・ローテーションという考え方は基本的に成立しない。イギリスでは"junior（初級）"から"senior（上級）"へ昇進し、非教学部門の最上位は"registrar（事務局長相当）"等である[2]。アメリカでは"entry（初級）"、"mid（中級）"、"senior（上級）"と表現され、最上位は"vice president/vice chancellor（副学長相当）"等である。したがって、英米国内には社会的地位の向上と職能の開発のための専門職業的団体が数多く存在する。職員は採用・昇進のためにそうした団体を活用する。ただし、大学の専門職業的団体の種類や数・規模はイギリスよりアメリカの方が豊富で、会員も教員の身分（出身者）と職員の身分（出身者）の両者で構成されている団体も多い。

　また能力開発のために社会人学生としてサーティフィケート・プログラムや大学院課程で学ぶ現職者もいる。イギリスにおける高等教育を専門・専攻とする博士号や修士号を授与する学位課程と、サーティフィケート（修了書）を授与する非学位課程との関係は、サーティフィケート・プログラムの上に修士課程、修士課程の上に博士課程と、学ぶべき内容や身に付けるべきことを広く深く探究する積み上げ式となっている。職業資格と学位が連動する高等教育資格枠組みがあるからであろう。それに対して、アメリカでは高等教育を専門・専攻とする大学院課程が親課程であり、サーティフィケート・プログラムは学位課程を補完するという位置づけである。学位、すなわち学校教育歴が専門職としてのキャリア形成上、重要視されているからであろう。むしろアメリカの大学では学位が職業資格のような役割を果たし、とりわけ学生支援の部門において職員の能力開発と大学院課程のつながりが密接で、雇用市場において強い影響を及ぼしている。

　イギリスにおいても修士号をもつ職員は増加しつつあるが、アカデミックな仕事にコミットしない限り博士号といった高い学位は不要と一般的に捉えられている。しかし、近年では第3のスペースで活躍する教員でも職員でもない"Blended Professional"と呼ばれる新たな専門職が出現している（Whitchurch 2009）。さらに一部の大学では事務局長クラス（registrar）、人事や研究支援担

当のマネジャー（head/director）すなわち部課長クラスの職員には博士号保持者が現れ始め、特定の領域の深い専門的な知識・見識と隣接する領域における幅のある知識・見識を持ち合わせる専門職集団、すなわち"T-shaped Profession"（Enders and de Weert 2009）とも称されている。

　イギリスには大学職員の包括的な学会"Association of University Administrators（AUA）"が古くから存在する。日本で大学職員を主たる会員とし発足した大学行政管理学会（JUAM）とは、2005年に協定を締結し交流を図っている。アメリカには学生支援、国際交流担当、IRといった専門職業的な団体はあるが、こうした日英のような大学の管理運営のすべての職を包括するような団体は存在しない。JUAMもAUAも事務局長等の経験者が発起人となって、大学の職員の能力開発と社会的地位の向上を目指し全国的な組織を立ち上げて、現在に至っているのである[3]。

4．管理運営のプロフェッショナルを養成する大学院課程

　高等教育を専門・専攻とした大学の管理運営人材を養成する大学院課程は、イギリスでは20余り、アメリカでは220余り存在する。授与している学位は、アメリカではPhD, EdD, MA, MS, MEdであり、イギリスではPhD, EdD, DBA, MPhil, MA, MS, MEd, MBAである。大学の戦略的なマネジメントが強調されているとはいえ、ほとんどが教育系の大学院にて開設されている。イギリスのバース大学のように経営系、すなわちビジネススクールの大学院課程の中で提供されることは非常に珍しい。

　英米ともに、修士課程では初中級レベル、博士課程では上級レベルの職階の職員の養成が目指されている。イギリスでは高等教育政策や実践を批判的に省察できるリーダーの養成、アメリカでは研究活動を通して汎用的スキルを身に付けた幅のある専門性をもつリーダーの養成が大学院課程で行われている。英米ともに、教育内容・方法は一般の大学院課程とほとんど変わらない。多くの課題が学術的なレポートや論文によって評価されている。大学の幹部の養成とはいえ、いやだからこそ、必ず基本的な研究の方法を身に付け

させる要素があり、一定期間を研究活動に専念させるような指導がなされているのである。特徴的なのは、大学院課程の入学時期が同一の学生たちを「コーホート」と称する小さい集団にして、互いに切磋琢磨させ、ネットワークを形成させることと、「コグネイト」と呼ばれる他の専門分野の科目履修を課し、多面的かつ深く物事を洞察させる仕組みを有することである。また、とりわけ博士課程では博士論文の執筆と口述試験が重要視されている[4]。そして、教えている専任の教員は、研究者であって、実務家ではない。さらに教員組織は小さく分散的で、少人数である[5]。

5．個別大学内における研修および非学位プログラム

　イギリスでは個別大学内における教職員を対象とした研修が、外部から可視化され体系的に分かりやすく整備されているように見える。大学の関連団体や専門職業的な団体が数多く存在し、それぞれが年次大会、短期のセミナーやワークショップを実施している。またIRの専門職や未来の大学教員の育成等を目的としたサーティフィケート・プログラムを開設している大学もある。

　アメリカの大学の高等教育関連のサーティフィケート・プログラムが、大学院課程を補完する形態で成立し、主として教えているのが大学教員であるのに対して、イギリスのサーティフィケート・プログラムは、高等教育資格枠組みの中に位置付けられているため、大学院修士課程への踏切版（springboard）、すなわち飛躍のための足掛かりとなっている。例えば、前述の大学職員全般を会員の対象とする学会であるAUAは、オープン・ユニバーシティと連携したサーティフィケート・プログラムを会員に提供している。このプログラムは、現役の大学職員の継続的な能力開発に資するもので、ベテラン会員がメンターとして、1年半から2年にわたり参加者をサポートする。実質的には大学教員ではなく専門的な現職者たちが中心となって教えているのであるが、最終的なサーティフィケートの授与はオープン・ユニバーシティが行い、修了後はロンドン大学（IOE）等の大学院課程への進学

が薦められていた。こうした例は、イギリスの学士課程教育が職能開発の土台となっている証左でもあると解釈できる。

　さらに、イギリスには職階・職種別にマネジメントの研修プログラムを提供している高等教育リーダーシップ財団（Leadership Foundation for Higher Education）が存在する。この財団は大学の管理運営にたずさわる人々の育成を主目的の一つとして 2002 年に政府主導で創設された。現在では国内のみならず国外の大学にトップマネジメントの研修等を提供している。この財団の研修プログラムの修了生たちの多くが、上級レベルの管理運営職としてイギリスの大学で活躍している。

6．日本の大学職員の専門性と大学院課程の正当性

　表終-3は日本の大学における教職員の構成を示したものである（文部科学省 2011）。つまり、英米と同様に日本の大学における教員の占める割合は過半数弱であり、職員の占める割合は約 2 割強である。未だにイギリスの非教学部門の事務職と現業職は計約 25％、アメリカの非専門職は約 24％を占めていることを鑑みると、大学職員の業務の高度化、専門職化が求められているとはいえ、全部署、全職員が専門職化するべきものでもないのであろう。逆にイギリスの個別大学内において短期とはいえ非専門職のスタッフにも研修を提供しているのは注目に値する。

　また第 2 節で述べた通り、2011 年度時点で教授・准教授・講師といった教員層の中で教授の占める割合が 3 か国中で最も高いのは日本（約 39％）、次いでアメリカ（約 24％）、イギリス（約 11％）であり、換言すると、これまで日本の大学は教授になりやすかったことになる。上位の職階の管理運営職には、教授出身者が就くことが多い。こうした大学のリーダー予備軍の割合を増やしていくべきなのかは、役職者の教員を対象とした研修の在り方、新任教員の採用の仕方とともに、方策を考えていくことが、今後の日本において必要であろう。

　英米の大学経営人材を養成する大学院課程は、特別に実務的なことを行う

場ではなく、基本的な教育／研究能力を獲得する場であった。同様に、日本における高等教育を専門・専攻とする大学院課程も基本的な教育／研究能力の獲得を重視する訓練を行うオーソドックスな大学院課程であり、専門職大学院ではない。第1章で見た通り現職の大学職員たちも高等教育事情に精通し論理的思考力を身に付けることを期待して進学しているようである。今後の日本の大学にも、イギリスのように研究能力を身に付け、政策や実践を批判的に考察でき、現場から政策提言を発信していける内省的なリーダーが求められていく可能性は高い。

いずれの国でも大学職員がセミ・プロフェッションであり、高等教育が高等教育学ではなく論の域を出ないことにより、職員としての専門性あるいは専門職化（professionalization）とその能力開発を行う大学院の正当性（legitimacy）にゆらぎが生じるのは止むを得ないであろう。それでもアメリカでは高等教育を専門・専攻とする大学院課程が200余りも存在し、多くの大学院課程修了者が管理運営の専門職として活躍している。つまり、大学管理運営職としての専門性が評価され、その管理運営職を養成する大学院が社会に広く認知され、大学院課程の存在に正当性が与えられつつあるのであり、ゆらぎは3か国中で最も少ない、まして大学の幹部職員の育成とともに後継者となる大学院課程の教員／研究者の育成も同時に行われているのである。イギリスにおいては高等教育を専門・専攻とする大学院課程の数は20余りと少ないが、高等教育の専門・専攻に限らず、大学院課程で学んだ者が専門職として遇され認められつつはある。さらに、人事、会計、学生支援等の領域から専門職化は進んでおり、修士や博士号の保持者が現れている。アメリカほどではないが、教学・非教学ともに教職員の管理運営の専門職化は日本より進んでいるようである。

おわりに

日本では、2017年度より教職員の管理運営の能力および資質の向上の取り組みが義務化される。むろん自由競争社会で大学の自律性と多様性が重ん

じられ教育の権限が州に付与されているアメリカの大学と、国立大学ではないが構造上は公立セクターのイギリスの大学と、日本の大学が置かれている規模やシステムは異なる。日本の大学職員の大学種別の同一大学勤続平均年数は、国立大学が約8年、私立大学が約14年であるのに対し、公立大学は約3年と著しく短い（山本 2003）等、設置形態別に固有の課題も抱えている。さらに本書でも明らかにした通り、日本の大学における英米との決定的な違いは、専門職として育ちつつある職員の中間層をマネジメントする上位の管理運営職層（教員出身者が大半を占める）の専門性とキャリアパスの未確立と研修等の支援体制の未整備であろう。

　専門職としての大学職員の占める割合は、イギリスでは約28％、日本では、事務系と教務系の職員を合わせると約21％、アメリカでは、「その他の専門職」として約21％となっている。非教学部門のトップがイギリスではレジストラーであることは、長らく事務局長が管理部門のトップであった日本の大学に類似する。現在では、大学職員は日米英ともに大学卒業程度以上の者が専門職として遇されている。日本では教員ではない、部長・課長級の大学職員の活躍がトップマネジメントを支える重要な鍵を握るとして、その専門職化や業務の高度化が求められてきた。孫福（1996）は第三の職としての新たな職員像を模索していた[6]。その孫福弘氏が理事長予定者となった横浜市立大学では2005年の法人化とともに「大学専門職」が誕生した。2005年3月3日の「公立大学法人横浜市立大学の大学専門職に関する規定（案）」の第2条によると、「大学専門職」は「法人における学習・教育支援その他の学務、総務・人事その他の経営企画、病院経営・管理等の専門的事務に従事する、常勤又は非常勤の法人固有職員をいう」と定義されている。同第3条では、「大学専門職は、上司の命を受け、その専門的分野の職務を遂行する。専門職員は、法人の運営に寄与するため、常にその有する専門的能力及び知識の研さんに努めなければならない。」となっており、職務上の確たる専門性はみられなかった。加えて、上司が市の職員といった大学の専門職ではない場合に、専門職をどうやって評価・管理するのかという問題も含んでいた。

　イギリスは日本より大学の数が少ないのに、高等教育を専門・専攻とする

大学院課程の数は日本より多く、さらに大学院課程には留学生が多く、しかも高等教育リーダーシップ財団では他国の大学のコンサルティングや教職員研修を実施していた。もともと自国の大学のリーダー養成が主目的で展開していた大学院教育であり研修プログラムであるが、その教育プログラムの自国での需要が伸びず、発展に行き詰まりそうになると、他国へ進出していく発想はイギリス独自の戦略にようにみえる。イギリスには、自国の政策システムを他国が競って見習うべきモデルとみなす人たちがいるのも確かであろう（Hill and Irving 2009）。一方、高等教育リーダーシップ財団側も大学院側も受講生・学生からの受講料・授業料が教育プログラムを維持する上で欠かせない。

英米ともに大学院で受けた教育歴が雇用市場において職業資格として扱われ、個人は明確な意思を持って職を選択し、職業経験を積み、キャリアを形成している。大学の管理運営の現場で必要とされる能力・スキルは、専門的知識、アカデミックワークへの理解、課題発見力、情報収集・分析力、他者とのコミュニケーション能力といった大学院教育で重視されるものであった。ある一定の専門的知識やスキル、職業倫理を有する者が専門職であるなら、サーティフィケートプログラムや修士・博士課程における教育といったOFF-JTと、修羅場をくぐり抜けるような実務経験といったOJTの両方が、大学経営人材の育成には有効なのであろう。日本では、大学での仕事が好きな管理運営の専門職のための能力開発とキャリア形成の機会と制度の充実がいっそう求められている。

註

1 これは東北大学が2010年に実施した「大学・短大教員のキャリア形成と能力開発に関する調査」に基づく。
2 "academic registrar" は、"registrar（事務局長相当）" もしくは "Pro-Vice-Chancellor" の下で学生募集・入学者選抜、試験・学籍管理、キャリア支援といった学生の管理・支援を統轄するポストである。
3 もっとも日本においては国立大学協会、公立大学協会、私立大学連盟、私立大学協会といった大学関連団体が教職員の能力開発を行う研修プログラムを提供している。
4 アメリカでは、博士論文のことを "dissertation"、修士論文を "thesis" と表記するが、

イギリスでは博士論文を"thesis"と表記する。
5　教えているのはオーソドックスな教員／研究者であるが、高等教育に関する研究は実務家のためになされるべきであろう（Clark 2007 ＝クラーク 2015）。研究者と実務家との間の隔たりも、高等教育を専門・専攻とする大学院課程の存在意義に影響を及ぼす。
6　筆者が聖徳大学から横浜市立大学へ移る前の孫福弘氏との私信（2014年2月21日）で、孫福氏は「(大学の) 専門職員には教授・助教授・講師・助手といった授業担当者を表す名前とは別のネーミングを考えるべきです。」「(教育／研究を担わない職員に教員の肩書を与えることが) 最近いくつかの大学で便法として採られていますが、要するに教員が職員よりもえらいんだ、教員の肩書をつけてもらって嬉しがる、という人の心理が前提になった、教・職差別の上塗りをする制度」で、「教・職対等という理想が実現しない」と述べている。

参考文献

Clark, Burton R., 2007, "A Note on Pursuing Things That Work," Gumport, Patricia J.ed., Sociology of Higher Education: Contributions and Their Contexts, Johns Hopkins University Press: 319-324.（＝ガンポート、パトリシア・J編、伊藤彰浩・橋本鉱市・阿曽沼明裕監訳、2015、『高等教育の社会学』玉川大学出版部。）

Enders, Jurgen and de Weert, Egbert, 2009, "Towards a T-shaped Profession: Academic Work Career in the Knowledge Society, edited by Enders, Jurgen and de Weert, Egbert, The Changing Face of Academic Life: Analytical and Comparative Perspectives, Basingstoke: Palgrave Macmillan: 251-272.

HESA, 2012, "Staff Definitions 2010/11," Higher Education Statistics Agency（http://www.hesa.ac.uk 2012年7月15日参照）。

Hill, Michael and Irving Zoe, 2009, Understanding Social Policy: 8th Edition, John Wiley & Sons. （＝ヒル・マイケル，アービング・ゾーイ著、埋橋裕文、矢野裕俊監訳、2015、『イギリス社会政策講義－政治的・制度的分析－』ミネルヴァ書房。）

NCES, National Center for Educational Statistics, 2013, Integrated Postsecondary Education Data System Human Resources Data Quality Study.（http://nnees.ed.gov/pubsearch/pubsinfo.asp?pubid ＝ 2008150 2013年9月1日参照）。

Whitchurch, Celia, 2009, "The rise of the blended professional in higher education: a comparison between the United Kingdom, Australia and the United States," Higher Education 58: 407-418。

安部悦生、1997、『ケンブリッジのカレッジ・ライフ』中公新書。

高野篤子、2013、「第5章 大学教員の管理運営能力の形成」東北大学高等教育開発センター編『大学教員に能力－形成から開発へ－』東北大学出版会：77-90。

孫福弘、1996、「第6章 大学運営のリエンジニアリング」2010 大学改革研究会『大学改革 2010年への戦略』PHP研究所：127-153。

文部科学省、2011、学校基本調査。

山本眞一、2003、「大学職員の役割と今後の養成方策に関するアンケート」結果。

あとがき

　本研究は、温めては途中で火を止めてしまい、いつまでたっても沸騰しないやかんの水のような状態で進められた。やかんの水は、恩師（高橋寛人教授　横浜市立大学）の例えであり、研究活動にはまとまった時間とエネルギーを注がねばならないという戒めでもある。だからこそ、本書で扱った大学経営人材を養成する大学院では一定の期間を勉学に専念させる仕組みをもつところもあった。命を削り論文を執筆する、研究と教育を統合しセレンディピティ（serendipity）を信じて奮闘するというアカデミック・ワークに対する理解なしに、大学の良き経営陣にはなれないということであろう。

　考えてみれば、大学の理事長や学長といったトップマネジメントの職に就きたくて大学教員になる人はおそらくいない。研究が好きで、研究を続けたくて大学教員となるのであろう。しかし大学で禄を食む以上、研究三昧でいられる大学教員はこれまた皆無だろう。では、大学における管理運営能力が教育／研究能力と無関係かというと、そうではないように思える。研究室／講座やゼミを上手く運営する教員や、生死にかかわる判断を瞬時に迫られる臨床系の教員、学部／学科や委員会を上手にハンドリングする教員は、マネジメントのセンスがOJTにて磨かれているように感じる。それにまた何よりも仕事のできる人は謙虚である。

　アメリカに限らず、イギリスでも大学の幹部職員を養成する大学院は、一般的に経営系ではない教育系の研究科で開設されており、量的・質的研究方法を身に付ける科目が埋め込まれ、修了要件に研究論文の執筆が課せられていた。つまり、他の専門分野の教員／研究者の卵たちと類似する訓練を受けている。加えて、特徴的なのは、他の学問分野に関する理解を深めるコグネイトや、学生同士の切磋琢磨を促進させるコーホートや、一定期間は集中して

勉学に励む仕掛けを設定していることである。

　翻って、大学経営に関わる専門職たちは、英米においても国家試験の対象となる資格ではない。職階が上がるほど内省的なリーダーとして求められているのは幅の広い専門性である。教学担当の専門職は日本の大学と同様に教授出身者であり、事務系職員に相当する非教学担当の専門職たちが博士号を持つことはさほど珍しいことではなくなりつつある。大きく異なるのは、専門職としてのキャリアの経路が日本より確立されつつある点である。折しも日本の大学において教職員の管理運営に関する能力開発が義務化されたが、教職員の採用・昇進／育成方針と、大学院課程、大学関連団体、個別大学といった訓練・研修を提供する側との関係はどうなるのであろうか。管理運営能力を育成するOFF-JTの内容・方法・担当教員は然ることながら、高等教育を専門・専攻とする大学院の数や規模はどうなっていくのであろう。学位が職業的資格として社会的により広く深く認知されていくだろうか。

　それにしても2011年夏より両親の介護に相当の労力とエネルギーを注がざるを得なくなった。介護には、育児のような子どもの成長といった喜びなどない。仕事、介護、家事で疲弊し、昨年からは利き手が弾発指になってしまった。研究活動する時間を捻り出すのは、乾いた雑巾を絞り水滴を出すがごとくのように感じる。諦めたらおしまい、という気持ちを支えてくれたのは、日本学術振興会の科学研究費の助成（JSPS科研費15K04376）であった。

　また大正大学の教職員の皆さまをはじめとして、学会の関係者など実に多くの方々のお世話になった。お一人お一人のお名前を挙げることはできないが、深甚の謝意を表したい。なお、本書は一般社団法人大学行政管理学会の自費出版奨励金の助成を受けて刊行される。

　そして、ずっと励まし続けてくださった東信堂の下田勝司社長に衷心より感謝申し上げる。最後になるが、一人っ子の著者を、幼少より自主性を重んじ、のびのび育ててくれた両親、高野盛と高野イト子に感謝の気持ちを込めて本書を捧げる。長生きしてね。

2017年4月
高野　篤子

事項索引

Andrews, Matthew 43, 45
Association of Heads of University Administration (AHU) 112–113
Association of Managers of Student Service in Higher Education (AMOSSHE) 95, 99, 112
Association of University Administrators (AUA) 34–35, 88
blended professional 42, 123
British Universities Finance Directors Group (BUFDG) 95, 99
Chartered Institute of Library and Information Professionals (Cilip) 113
Chartered Institute of Personnel and Development (CIPD) 38, 111
Chartered Management Institute (CMI) 107, 114
CompuServe Information Manager (CIM) 38, 45
Consultative Committee of Accountancy Bodies (CCAB) 38, 112
GOV.UK 53
GuildHE 89, 99, 112
Higher Education Funding Council for England (HEFCE) 36, 55
Higher Education Liaison Officers Association (HELOA) 113
Higher Education Statistics Agency (HESA) 36–37
Higher National Diploma (HND) 38, 45
Institute of Education (IOE) 60
International Meeting of University Administrators (IMUA) 88
New Route PhD 55
Office of Fair Access (OFFA) 44, 112
Office of the Independent Adjudicator (OIA) 44, 112
personal assistant (PA) 40
Postgraduate Certificate in Higher Education (PGCHE) 39, 53
professional doctorates 55
Professionalとprofessional 45
registrar (レジストラー, 事務局長) 35
senior management team 121
Society of College, National and University Libraries (SCONUL) 95, 99
Staff Development Forum (SDF) 114
Standard Occupational Classification (SOC) 36
T-shaped Profession 43, 124
University and Colleges Admissions Service (UCAS) 91
Universities and Colleges Employers Association (UCEA) 41
University Human Resources (UHR) 113
Universities UK (UUK) 89, 99
viva voce examination (口頭試問) 79, 81
Whitchurch, Celia 15, 42

あ

アメリカの大学管理運営職とその養成プログラム ……………… 7
アメリカン・プロフェッサー …… 121
イギリスの大学管理運営職とその養成プログラム ……………… 8
イギリスの大学の教職員のキャリア形成 ……………………… 38
ウォーリック大学 ………… 39, 64-65
オックスフォード大学 …… 43, 66, 102
オックスフォード・ブルックス大学… 109
オープン・ユニバーシティ …… 89, 98
オンライン教育 …………… 79, 96

か

下位(junior)レベル ………… 8, 40
学生監・試験監督官(proctor) …… 35
管理主義(managerialism) ……… 15
ケント大学 ………………… 63-64
高等教育資格枠組み(higher education framework) ……………… 7-8, 50
高等教育リーダーシップ財団(Leadership Foundation for Higher Education) …………………… 88, 93
コグネイト(cognate) ………… 67
コーホート(cohort) ……… 77, 85, 90
コンサルティング会社 ………… 39

さ

サウサンプトン大学 ………… 66, 68
サーティフィケート・プログラム… 90, 92
ジャラット報告 ……………… 41
上位 ………………………… 8, 40
上級(senior)レベル …… 7, 40, 120

初級(entry)レベル …………… 7, 40
人事管理部門 ………………… 110
ステューデント・サクセス・センター …………………………… 76
セミ・プロフェッション ……… 127
先導官(beadle, bedel, bedell) …… 34

た

大学拡張政策(widening participation) 5, 42
大学教育学会 ………………… 24
大学行政管理学会(JUAM) …… 88, 124
第3のスペース(third space) …… 42
チャンセラー(chancellor) …… 39
中級(mid)レベル …………… 7, 40
テニュア(終身在職権) ………… 39

は

バース大学 …………… 74, 77, 111
ブリティッシュ・カウンシル …… 52
文書係(archivist) …………… 35

ま

マンチェスター大学 ………… 35

ら

ラッセルグループ ………… 74, 85
ラフバラ大学 ……………… 67, 69
ランカスター大学 ………… 70, 74
リージェンツ大学 …………… 43
リーダー(reader) ………… 38-39
リヴァプール大学 ………… 77, 82
ローリエイト社 …………… 75-76
ロンドン大学 ……………… 60

著者紹介

高野　篤子（たかの　あつこ）

早稲田大学教育学部国語国文学科　卒業
早稲田大学大学院文学研究科教育学専攻修士課程　修了
横浜市立大学大学院国際総合科学研究科国際文化研究専攻博士課程　修了
博士（学術）
現在　大正大学人間学部教育人間学科　准教授

近年の主要著作論文

「日本の大学関連団体による職能開発プログラム－私立－」（『大正大学研究紀要』第102輯、2017年。）
「アメリカの州立大学におけるIR担当専門職」（『大正大学研究紀要』第101輯、2016年。）
「学士課程教育における共通教育の質保証－評価データの併用と質保証のマネジメント－」（共著、『大学教育学会誌』第72号、2015年。）
「アメリカにおける大学職員と職能開発の動向」（『大学職員論叢』第2号、2014年。）
『大学教員の能力－形成から開発へ－』（共著、東北大学出版会、2013年。）
『アメリカ大学管理運営職の養成』（東信堂、2012年。）
「大学職員を養成する大学院－アメリカの高等教育プログラム」（『IDE現代の高等教育』Vol.535、2011年。）

イギリス大学経営人材の養成

2018年2月20日　初版　第1刷発行

〔検印省略〕
定価はカバーに表示してあります。

著者 ⓒ 高野　篤子／発行者　下田　勝司
印刷・製本／中央精版印刷

東京都文京区向丘1-20-6　郵便振替 00110-6-37828
〒113-0023　TEL(03)3818-5521　FAX(03)3818-5514

発行所　株式会社　東信堂

Published by TOSHINDO PUBLISHING CO., LTD.
1-20-6, Mukougaoka, Bunkyo-ku, Tokyo, 113-0023, Japan
E-mail: tk203444@fsinet.or.jp　http://www.toshindo-pub.com

ISBN978-4-7989-1465-7　C3037　ⓒ Atsuko Takano

東信堂

転換期を読み解く──潮木守一時評・書評集	潮木守一	二六〇〇円
大学再生への具体像【第二版】	潮木守一	二四〇〇円
フンボルト理念の終焉?──現代大学の新次元	潮木守一	二五〇〇円
いくさの響きを聞きながら──横須賀そしてベルリン	潮木守一	二八〇〇円
「大学の死」、そして復活	潮木守一	二八〇〇円
大学教育の思想──学士課程教育のデザイン	絹川正吉	二三〇〇円
大学教育の在り方を問う	絹川正吉	二八〇〇円
北大 教養教育のすべて──エクセレンスの共有を目指して	小笠原正明・安藤厚・細川敏幸 編著	二四〇〇円
国立大学・法人化の行方──自立と格差のはざまで	山田礼夫	三六〇〇円
国立大学法人の形成	天野郁夫	三六〇〇円
大学は社会の希望か──大学改革の実態からその先を読む	大崎仁	二六〇〇円
転換期日本の大学改革──アメリカと日本	江原武一	三六〇〇円
大学の管理運営改革──日本の行方と諸外国の動向	江原武一	三六〇〇円
大学経営とマネジメント──中長期計画の実質化によるマネジメント改革	篠田道夫	三四〇〇円
大学戦略経営の核心	篠田道夫	三六〇〇円
戦略経営論	篠田道夫	三六〇〇円
戦略経営論Ⅲ 大学事例集	篠田道夫	三二〇〇円
米国高等教育の拡大する個人寄付	福井文威	三六〇〇円
大学の財政と経営	新藤豊久	二五〇〇円
私立大学マネジメント	丸山文裕	三六〇〇円
私立大学の経営と拡大・再編──一九八〇年代後半以降の動態	両角亜希子	四三〇〇円
(社)私立大学連盟編		
学長奮闘記──学長変われば大学変えられる	岩田年浩	二〇〇〇円
大学の発想転換──体験的イノベーション論二五年	坂本和一	二〇〇〇円
30年後を展望する中規模大学	市川太一	二五〇〇円
大学マネジメント・学習支援・連携		
大学のカリキュラムマネジメント	中留武昭	三三〇〇円
戦後日本産業界の大学教育要求──経済団体の教育言説と現代の教養論	飯吉弘子	五四〇〇円
イギリス大学経営人材の養成	高野篤子	二七〇〇円
アメリカ大学管理運営職の養成	高野篤子	三三〇〇円
[新版] 大学事務職員のための高等教育システム論──より良い大学経営専門職となるために	山本眞一	一八〇〇円

〒113-0023　東京都文京区向丘 1-20-6
TEL 03-3818-5521　FAX 03-3818-5514　振替 00110-6-37828
Email tk203444@fsinet.or.jp　URL:http://www.toshindo-pub.com/

※定価：表示価格（本体）＋税

東信堂

トランスナショナル高等教育の国際比較——留学概念の転換	杉本 均編著	三六〇〇円
チュートリアルの伝播と変容——イギリスからオーストラリアの大学へ	竹腰 千絵	二八〇〇円
[新版]オーストラリア・ニュージーランドの教育——グローバル社会を生き抜く力の育成に向けて	青木麻衣子・佐藤博志編著	二〇〇〇円
戦後オーストラリアの高等教育改革研究	杉本 和弘	五八〇〇円
オーストラリアのグローバル教育の理論と実践——開発教育研究の継承と新たな展開	木村 裕	三六〇〇円
オーストラリアの教員養成とグローバリズム——多様性と公平性の保証に向けて	本柳とみ子	三六〇〇円
オーストラリア学校経営改革の研究——自律的学校経営とアカウンタビリティ	佐藤 博志	三八〇〇円
オーストラリアの言語教育政策——多文化主義における「多様性と」「統一性」の揺らぎと共存	青木麻衣子	三八〇〇円
英国の教育	日英教育学会編	三四〇〇円
イギリスの大学——対位線の転移による質的転換	秦 由美子	五八〇〇円
統一ドイツ教育の多様性と質保証——日本への示唆	坂野 慎二	二八〇〇円
ドイツ統一・EU統合とグローバリズム——教育の視点からみたその軌跡と課題	木戸 裕	六〇〇〇円
教育における国家原理と市場原理——チリ現代教育史に関する研究	斉藤 泰雄	三八〇〇円
中央アジアの教育とグローバリズム	川野辺敏・嶺井明子編著	三三〇〇円
タイの人権教育政策の理論と実践	馬場 智子	二八〇〇円
インドの無認可学校研究——公教育を支える「影の制度」	小原 優貴	三六〇〇円
バングラデシュ農村の初等教育制度受容——人権と伝統的多様な文化との関係	日下部達哉	三六〇〇円
マレーシア青年期女性の進路形成	鴨川 明子	四七〇〇円
東アジアにおける留学生移動のパラダイム転換——大学国際化と「英語プログラム」の日韓比較	嶋内 佐絵	三六〇〇円
韓国大学改革のダイナミズム——ワールドクラス〈WCU〉への挑戦	馬越 徹	二七〇〇円
韓国の才能教育制度——その構造と機能	石川 裕之	三八〇〇円

〒113-0023 東京都文京区向丘1-20-6 TEL 03-3818-5521 FAX 03-3818-5514 振替 00110-6-37828
Email tk203444@fsinet.or.jp URL:http://www.toshindo-pub.com/

※定価：表示価格（本体）＋税

東信堂

ネオリベラル期教育の思想と構造——書き換えられた教育の原理	福田誠治	六二〇〇円
アメリカ公立学校の社会史——コモンスクールからNCLB法まで	W・J・リース著／小川佳万・浅沼茂監訳	四六〇〇円
アメリカ——間違いがまかり通っている時代	末藤美津子訳	三八〇〇円
アメリカ——公立学校の企業型改革への批判と解決法	D・ラヴィッチ著／末藤美津子訳	五六〇〇円
教育による社会的正義の実現——アメリカの挑戦（1945-1980）	D・ラヴィッチ著／末藤美津子訳	六四〇〇円
学校改革抗争の100年——20世紀アメリカ教育史	末藤・宮本・佐藤訳	二七〇〇円
現代学力テスト批判——実態調査・思想・認識論からのアプローチ	北野秋男・下司晶・小笠原喜康編著	三六〇〇円
ポストドクター——若手研究者養成の現状と課題	北野秋男編著	二八〇〇円
日本のティーチング・アシスタント制度——大学教育の改善と人的資源の活用	北野秋男編	四八〇〇円
現代アメリカの教育アセスメント行政の展開——マサチューセッツ州（MCASテスト）を中心に	唐木清志	四六〇〇円
アメリカ公民教育におけるサービス・ラーニング	石井英真	四六〇〇円
[増補版]現代アメリカにおける学力形成論の展開——スタンダードに基づくカリキュラムの設計	池内慈朗	六五〇〇円
ハーバード・プロジェクト・ゼロの芸術認知理論とその実践——内なる知性とクリエティビティを育むハワード・ガードナーの教育戦略	浜田博文編著	二八〇〇円
アメリカにおける学校認証評価の現代的展開	桐谷正信	三六〇〇円
アメリカにおける多文化的歴史カリキュラム	日本教育制度学会編	二八〇〇円
現代教育制度改革への提言 上・下	日本教育制度学会編	各二八〇〇円
現代日本の教育課題——二一世紀の方向性を探る	上田学編著	二八〇〇円
日本の教育をどうデザインするか	村田翼夫・上田学・岩槻知也編著	二八〇〇円
バイリンガルテキスト現代日本の教育	村田翼夫編著	三六〇〇円
人格形成概念の誕生——近代アメリカの教育概念史	山中満妃子	三八〇〇円
社会性概念の構築——アメリカ進歩主義教育の概念史	田中智志	三八〇〇円
グローバルな学びへ——協同と刷新の教育	田中智志編著	二〇〇〇円
学びを支える活動へ——存在論の深みから	田中智志編著	二〇〇〇円
社会形成力育成カリキュラムの研究	西村公孝	六五〇〇円
社会科は「不確実性」で活性化する——未来を開くコミュニケーション型授業の提案	吉永潤	二四〇〇円

〒113-0023 東京都文京区向丘1-20-6　TEL 03-3818-5521　FAX 03-3818-5514　振替 00110-6-37828
Email tk203444@fsinet.or.jp　URL・http://www.toshindo-pub.com/

※定価：表示価格（本体）＋税

東信堂

アクティブラーニングと教授学習パラダイムの転換	溝上慎一	二四〇〇円
大学のアクティブラーニング——3年間の全国大学調査から「学び」の質を保証するアクティブラーニング	河合塾編著	三二〇〇円
「深い学び」につながるアクティブラーニング——全国大学の学科調査報告とカリキュラム設計の課題	河合塾編著	二八〇〇円
アクティブラーニングでなぜ学生が成長するのか——経済系・工学系の全国大学調査からみえてきたこと	河合塾編著	二八〇〇円
附属新潟中式「3つの重点」を生かした確かな学びを促す授業——教科独自の眼鏡を育むことが「主体的・対話的で深い学び」の鍵となる！	新潟大学教育学部附属新潟中学校編著	二〇〇〇円
ICEモデルで拓く主体的な学び——成長を促すフレームワークの実践	柞磨昭孝	二〇〇〇円
社会に通用する持続可能なアクティブラーニング——ICEモデルが大学と社会をつなぐ	土持ゲーリー法一	二五〇〇円
ポートフォリオが日本の大学を変える——ティーチング/ラーニング/アカデミック・ポートフォリオの活用	土持ゲーリー法一	二五〇〇円
ティーチング・ポートフォリオ——授業改善の秘訣	土持ゲーリー法一	一五〇〇円
ラーニング・ポートフォリオ——学習改善の秘訣	土持ゲーリー法一	二〇〇〇円
「主体的学び」につなげる評価と学習方法——カナダで実践されるICEモデル	S・ヤング＆R・ウィルソン著／土持ゲーリー法一監訳	二〇〇〇円
主体的学び 創刊号	主体的学び研究所編	一八〇〇円
主体的学び 2号	主体的学び研究所編	一六〇〇円
主体的学び 3号	主体的学び研究所編	一六〇〇円
主体的学び 4号	主体的学び研究所編	二〇〇〇円
主体的学び 5号	主体的学び研究所編	一八〇〇円
主体的学び 別冊 高大接続改革	主体的学び研究所編	一八〇〇円
大学自らの総合力——理念とFDそしてSD	寺﨑昌男	二〇〇〇円
大学自らの総合力Ⅱ——大学再生への構想力	寺﨑昌男	二四〇〇円
21世紀の大学：職員の希望とリテラシー	寺﨑昌男／立教学院職員研究会編著	二五〇〇円

〒113-0023 東京都文京区向丘1-20-6　TEL 03-3818-5521　FAX03-3818-5514　振替 00110-6-37828
Email tk203444@fsinet.or.jp　URL:http://www.toshindo-pub.com/

※定価：表示価格（本体）＋税

東信堂

放送大学に学んで——未来を拓く学びの軌跡	放送大学中国・四国ブロック学習センター編	二〇〇〇円
ソーシャルキャピタルと生涯学習	J・フィールド／矢野裕俊監訳	二五〇〇円
成人教育の社会学——パワー・アート・ライフコース	高橋満編著	三二〇〇円
NPOの公共性と生涯学習のガバナンス	高橋満著	二八〇〇円
コミュニティワークの教育的実践	高橋満	二〇〇〇円
学級規模と指導方法の社会学——実態と教育効果	山崎博敏	三二〇〇円
高等専修学校における適応と進路——後期中等教育のセーフティネット	伊藤秀樹	四六〇〇円
「夢追い」型進路形成の功罪——高校改革の社会学	荒川葉	二八〇〇円
進路形成に対する「在り方生き方指導」の功罪——高校進路指導の社会学	望月由起	三六〇〇円
教育から職業へのトランジション——若者の就労と進路職業選択の社会学	山内乾史編著	二六〇〇円
教育と不平等の社会理論——再生産論をこえて	小内透	三二〇〇円
マナーと作法の社会学	加野芳正編著	二四〇〇円
マナーと作法の人間学	矢野智司編著	二〇〇〇円
〈シリーズ 日本の教育を問いなおす〉		
拡大する社会格差に挑む教育	倉元直樹・木村拓也編	二四〇〇円
混迷する評価の時代	西村和雄・大森不二雄倉元直樹・木村拓也編	二四〇〇円
教育における評価とモラル	西村和雄編	二四〇〇円
教育社会史——《大転換期と教育社会構造：地域社会変革の学習社会論的考察》日本とイタリアと	小林甫	七八〇〇円
第1巻 現代的教養I——生活者生涯学習の地域的展開	小林甫	六八〇〇円
第2巻 現代的教養II——技術者生涯学習の生成と展望	小林甫	六八〇〇円
第3巻 学習力変革——地域自治と社会構築	小林甫	近刊
第4巻 社会共生力——東アジアと成人学習	小林甫	近刊

〒113-0023 東京都文京区向丘1-20-6　TEL 03-3818-5521　FAX03-3818-5514　振替 00110-6-37828
Email tk203444@fsinet.or.jp　URL:http://www.toshindo-pub.com/

※定価：表示価格（本体）＋税